脳科学が明かした！
結果が出る最強の勉強法

大是文化

史丹佛高中校長的
最強學習法

寫筆記不如解題目、
答對不如答錯、獨學不如共學，
科學家證實的大腦最強吸收法。

全美第一線上高中
史丹佛高中校長
星友啓——著
林佑純——譯

目錄

第二堂課

第三堂課

怎麼讓短期記憶，變長期記憶？

第四堂課

後設認知：自知無知的智慧

了！」的衝擊，大腦更容易記得／了解你的大腦，大腦就會變好／鍛鍊後設認知，能提升學習效果／第二招，學習法再加上後設認知

第五堂課

比起競爭，大腦更喜歡與人合作

合作＋學習，刺激多巴胺大量分泌／看到別人快樂，大腦會讓你也快樂／交朋友、談戀愛，其實不會影響學習／光是「想像」與他人互動，就能提升記憶力／教別人，自己更受益／想像自己教別人，也很有效／了解自己之前，得先理解他人／比起競爭，你的大腦更喜歡與人合作

推薦序一

用對方法，學習效率更高、更喜歡學習

臺師大電機系副教授、數感實驗室共同創辦人／賴以威

我的求學生涯，一路上還算順遂。有很長一段時間，我都將這件事歸因於聰明，許多人這樣讚美我，我也就謙虛的收下稱讚。不過，直到當老師、推廣數學，以及當了爸爸，大量教學之後我才發現，這只是個美麗的誤會。與其說聰明，我更覺得是我運氣不錯，遇到了很懂得教孩子念書的父母、老師，所以從小就養成了良好的學習習慣。

舉例來說，高中時我的通勤時間很長，有時候是父親接送，有時候是我自己回家。站在捷運跟公車上時，沒辦法拿書出來看，我便會找出我大腦裡的課本

來複習，回想今天或本週，各科老師教了什麼、考了什麼（不是我非常認真，只是因為這麼做，回家後我就可以花點時間做別的事）。想著想著，如果發現有哪些內容完全回想不起來，就知道待會兒回家複習的重點是什麼。相較之下，那些很容易記起來的部分就可以偷懶跳過。

這就是書中提到的**「大腦傾存法」（brain dump），瞬間從腦海中回想起學到的東西，轉換成語言資訊大量輸出**。當時的我當然不知道這個專有名詞，但因為**用對方法，讓我能獲得較高的學習效率**。

此外，一直以來我們的數學科普推廣，也特別強調要讓孩子喜歡數學知識，提升他的內在動機。因為有許多研究指出，比起小時候數學考高分，小時候就喜歡數學的孩子，長遠的數學成就表現會更佳。

過去我只是單純的認為，這就像打電動，因為喜歡，會驅動自己花更長時間或更投入，自然就可以學得比較好。對此，本書也有很棒的解答，讓我知道原來**好奇心能提升學習效率的真正關鍵，是源於大腦的構造：越是想知道、好奇心越強，多巴胺的分泌就越多，獎勵機制就越活躍**。

最後，相較於其他講述學習方法的書籍，多半是作者口吻單向講述知識，本書設計成對話形式，由老師跟幾位同學討論學習科學，是我很喜歡的一個特色。透過書中的角色發問，老師能清楚的講解專業知識，又能因應同學的疑問，用淺顯易懂的譬喻讓人理解。

其實，我們某種程度上都是學習專家，我們都讀了許多年的書。書中老師的譬喻，或是同學們的自我反思，都能讓我們連結書中知識與自己過去的學習經驗。我想，這也是身為學習專家的作者，在撰寫這本書時，發揮他的專長而設計出的小巧思。

推薦序二

有科學證據的學習法，學習表現更好

臺大心理系副教授、《大腦簡史》作者／謝伯讓

十九世紀末，是現代心理學誕生的年代。一八七四年，德國的心理學家馮德（Wilhelm Wundt）發表心理學史上的重要著作《生理心理學原理》（*Principles of Physiological Psychology*），並在一八七九年，創建全世界第一間心理學實驗室。馮德的理想，就是要效法俄國化學家門得列夫（Dmitri Mendeleev），希望能勾勒出像化學元素表那樣的一張「心理元素表」，以釐清人類的各種心理元素、結構與運作方式。

在當時，馮德把大多數的時間和精力，都投注在心理現象中的感覺、知

覺、情緒及意志等主題上，至於記憶則少有著墨。而在同一時期，另一位知名的德國心理學家艾賓浩斯（Hermann Ebbinghaus）則抓住了機會，全力投入記憶的心理學研究。

一八八五年，艾賓浩斯透過實驗證明，記憶的內容會隨著時間逐漸遺忘，並畫出了名留青史的「遺忘曲線」。測量自己的記憶遺忘速度之後，艾賓浩斯發現，在無意義的字母記憶作業中，**大約有七〇%的記憶內容，會在背誦後的一至兩天內遺忘殆盡**。但是，他同時也發現，**只要經過複習，遺忘速度就會有明顯的改善**。

艾賓浩斯的這項發現，可謂是記憶心理學實驗的濫觴，持續影響後續一百多年的記憶研究，並引出後世無數的研究問題與道路，例如：是否有特殊的學習方法，可以讓記憶更持久？複習時使用哪種方式最有效？記憶提取時，有沒有什麼訣竅可以幫助我們回憶？

這些後續的問題，一直是記憶心理學的研究主軸，而在過去數十年間，此領域也已經累積了眾多的科學發現與證據。比方說，大家一定都曾有過這樣的疑問：從小到大時常經歷的「考試」，究竟對記憶有沒有幫助？美國心理學家羅迪格（Henry L. Roediger III）在二〇〇六年做的一項心理學實驗中，就找到了明確的證據。

在此研究中，受試者讀完一篇文章後，被分成了兩組。其中一組的受試者被要求稍後再讀一遍文章（重複閱讀組），而另外一組受試者則被要求回憶並寫出文章內容（考試組）。結果發現，在讀完文章的一週後，考試組的記憶表現明顯比較好。

除此之外，**已有實驗證據支持的學習記憶方法，還包括間隔學習、主動輸出、社交合作，以及利用後設認知等**。這些關於學習和記憶的確切做法，與諸多科學實驗證據，都整理、集合在這本史丹佛大學線上高中校長星友啓所著的作品中。本書淺顯易懂，夾以有趣的對話與清晰的敘述，非常適合國、高中以上，還未完全掌握學習與記憶技巧的學生！

前言
所有人都適用，史丹佛實證最強學習法

人只要活著，就得不斷學習。

「學習」是人類在進化過程中，培養出來的強大生存策略，「學習力」可說是深植在我們體內的DNA之中。但是，如果只知道埋頭苦學，其實很難完全發揮自己與生俱來的學習力。

另外，有些學習方法很多人都在用，且大家都說「真的有助於學習」、「能提升成績」，但實際執行後才發現，有時甚至會產生反效果。

那要怎麼學習，才容易達成目標呢？該怎麼做，才能將我們本身的學習力，提升到最大程度？

近年來，透過腦科學和心理學的發展，這類問題的答案也漸趨明朗。本書將透過來自尖端科學的實證，嚴選並介紹一系列有效率的學習方式。

需要這些學習方法的，並不僅限於孩子或學生族群。因為，**所謂的學習，就是人適應周遭環境不斷變化的過程。在加速進化的現代社會中，每個人都會在人生中，面臨到「學習」這個課題。**

本書將以科學方法實證，提供給孩子、成人，以及持續學習的所有人，能實際運用於學習的方針。

來自美國頂尖名校校長，最強學習法

讓我先做個簡單的自我介紹。

我目前擔任美國史丹佛大學線上高中（Stanford University Online High School，簡稱 OHS 或 SOHS）的校長。

本校是由位於美國加州矽谷中心的史丹佛大學所設立。我的主要日常工作，是在全球首屈一指的最先進教育，以及矽谷尖端科技的洗禮下，協助來自世界各地的孩子們，進行線上學習課程。

二〇二〇年，《新聞週刊》（*Newsweek*）公布「最佳 STEM教育高中排名」中，史丹佛大學線上高中獲得全美第三名（STEM是Science〔科學〕、Technology〔技術〕、Engineering〔工程學〕、Mathematics〔數學〕四門學科英文首字母的縮寫）；同年，也獲得美國權威院校資訊網站「Niche」排名首位的殊榮。

本校之所以能夠獲得如此評價，我認為是由於能將全球的教育趨勢，直接運用在學校體制上的緣故。

學校沒教的學習科學

在多元化的現代教育課程當中，近年來「學習科學」特別受到矚目。

我們在學習時，大腦是如何運作的？我們的行為與身體、心理，和學習之間有什麼樣的關聯性？了解這些之後，又該怎麼做才能更有效的學習？

在這些主題中，從腦科學及心理學等認知科學的觀點，分析人類學習的本質，將我們每個人與生俱來的學習力DNA，發揮至最極致的方法，就是所謂的學習科學。

在累積研究成果的同時，我也站在教育學的最前線，檢視過去傳統學習方法的優劣，從而開發全新的學習法。

可惜的是，這些對於學習科學的見解，實際上很難運用在教育和學習的第一線。

在忙碌的日常事務及生活瑣事中，要求每間學校的教職員，甚至是邊工作邊進修的上班族，主動了解教育學的最新資訊，並且有效導入教育現場，是非常難以實行的一件事。

以現狀來說，想讓運用學習科學的學習法，廣泛滲入教育現場，還有一大段路要走。

另一方面，也有一部分的學校和職訓機構，已經開始引進並運用學習科學來教學。在這些教學現場，學員們紛紛展現出亮眼的學習成果，受惠的學生及社會人士，也正逐漸增加中。

基於這樣的現況，本書出版的主要目的，就是儘早將來自學習科學的最強學習法，分享給各位讀者。

以下列舉的項目，如果有任何一項符合你近期的需求，請務必繼續閱讀本書的內容。

- 想提升自己的學習集中力及記憶力。
- 想有效掌握絕佳的複習方法。
- 希望靠自學來精進知識技能。
- 想了解有效率的讀書方式。
- 脫離學生階段後，仍希望有效率的持續學習。
- 想維持學習動力及熱忱。

無論是想提升成績的學生、以及格為主要目標的考生，以及希望支持他們的家長、提供教學的老師，甚至是希望提升職場競爭力的上班族、退休後打算迎接全新挑戰的人生前輩們……深切希望本書能夠為所有想認真學習的人們，盡一分心力。

學習是終生課題。要擁有充實的人生，聰明的學習方法不可或缺。

如果能透過以學習科學為基礎的最強學習法，達成各位心中所追尋的目標，那將會是我無上的榮幸。

授課前指南

由於學習科學囊括腦科學及心理學等科學領域，假如只講解其中的理論，恐怕難以實際應用在生活中。因此，接下來我會透過上課的對話，以較輕鬆的方式解說。

參加這場課程的，包括你、幾位同學，加上扮演老師的我，課堂上總共有六個人。歡迎你跟不同年齡和生活背景的角色，一同透過以下的課程來掌握「達成目標的最強學習法」。

- **第一堂課**：了解腦部與學習的關聯性。探討深植於我們DNA之中的學習力祕密，並徹底分析傳統學習法的功效。
- **第二堂課**：了解工作記憶、能大幅發揮腦部短期記憶能力的學習法，以及有效提升專注力的方法。

- **第三堂課**：透過科學證實，能有效幫助記憶的方法。關鍵字是「提取」。
- **第四堂課**：徹底剖析近年來在學習科學領域中，十分受到矚目的「後設認知」。先充分了解自己，才能提升學習成果。讓我們養成成功人士所具備的良好習慣吧！
- **第五堂課**：「人的大腦是社會腦」——設法活用大腦的運作及構造，找出最有效學習的方法。
- **第六堂課**：學習時該如何保持動力？我們將透過最新的心理學理論，導出保持動力及設定目標的方法。

你可能會發現，以上的課程中，充滿許多與腦科學相關的話題。

「我想知道的是能馬上提升成績的學習法，不是跟腦部有關的知識！」我想，看到這裡，會有這樣的反應也是很正常的。

不過，其實**了解有關學習的腦科學，就是提升學習效果的最佳方法**。

本書也會詳細介紹，與其拘泥於使用有效的學習法，不如掌握相關的腦科學知識，更有助於提升成績及整體表現。透過腦科學，對人類腦部有正確的認知，才是提升學習效果的捷徑。

這也是我在史丹佛大學教育學系中，備受矚目的研究成果中的一部分。

接下來，請試著用以下兩種方式使用本書：

1. 把本書當作有效學習法的「百科全書」，在每個課程的最後，複習其中提到的學習法及重點。

2. 了解腦科學新知，對學習相關課題保有正確認知，並持續練習，以提升學習成效。

不論是「百科全書」及「練習」，兩種使用法的成效，都相當值得期待。

那麼，就開始上課吧！

本書登場人物

星老師：本書作者。透過與學員的交流、互動，致力傳授學習科學及最強的學習法。

高中生加藤櫻：某所名校的高一生。剛開學就面臨升學考的壓力，雖然對校園的學習氣氛感到困惑，仍將目標訂在高難度的醫學系，希望能透過這次的課程，掌握高效率的學習法。性格有禮守規矩，是典型的資優生。

社會人士長野翔太：工作十五年的社會中堅分子。雖然想要提升職場競爭力，但知道自己並不擅長讀書。愛開玩笑、具親和力，但有時會因為過度解讀他人的想法，而讓人感到尷尬。

銀髮族小出弘、小出友希子夫婦：六十幾歲的小出弘，半年前自奉獻多年的公司退休，目前正積極規畫「銀髮創業」，是個博學多聞、沉著穩重的優質阿伯。妻子友希子是社區主婦間的意見領袖，對學習相關的問題相當好奇，性格活潑開朗。

第一堂課

經科學實證，
最具效果的兩種學習法

在一間裝潢配色沉穩但不失時髦的小型教室中，四張桌子朝向白板，擺放成半圓狀。

坐在門口附近座位的少女，在雅致眼鏡下的雙眼，隱約閃耀著知性的光輝。透過身上制服的整潔程度，就能感受到她認真的個性。她似乎正忙著在紙上寫些什麼。

坐在稍遠處的，是一位體型壯碩的男性。晒成淺小麥色的肌膚，與他手邊的白色紙張形成對比。一身筆挺的西裝，讓整間教室看起來有點像辦公室。

再遠處的兩個人，年齡看起來都是六十歲上下。從他們拿筆指著放在桌上的紙張、說悄悄話的模樣看來，應該是一對夫妻。

相較於頻頻主動開口說話的妻子，丈夫似乎意識到周遭的氣氛，臉上的神情略顯不悅。

四人眼前的紙張，是以下這份課前問卷調查。

請在上課前填寫完畢，以下內容將在第一堂課中談到。

問題一 目前你遇到有關學習的煩惱是什麼？

問題二 請從下列學習法中，選出自己最常用的三項。

統整歸納：整理、歸納出學習的重點，並寫成筆記。

自我解釋：用自己的話解釋學習的重點。

劃線標記：在教科書或講義的重點處，用紅筆或螢光筆等工具劃線標記。

關鍵字：利用諧音或關鍵字等方式，背歷史年分、英文單字等純記憶內容。

探究思考：對學習內容產生疑問的部分，會進一步深究思考。

具現化：腦海中，能以畫面、影像的方式，呈現學習的內容。

反覆閱讀：反覆閱讀學習過的講義，或自己整理的筆記。

測驗：透過試題確認自己是否已理解、記憶學過的知識。
間隔重複：間隔一段時間，再重新學習已學過的知識。
交錯學習：在學習過程中，安排不同科目或領域的學習內容。

問題二　當人們在學習時，腦內會產生什麼樣的變化？就算只用想像的也沒關係，請寫出你的想法。

用科學告訴你，最適合自己的學習法

星老師：早安！我是今天的講師，敝姓星。接下來要跟各位一起學習，來自最新科學研究，能幫助我們達成目標的最強學習法。今天上課的時間可能有點長，還請各位多多指教了！

首先，先簡單的自我介紹吧。你們剛剛都填寫完問卷了，能不能跟大家分享一下，自己在學習上遇到的煩惱呢？從加藤櫻同學開始吧。

加藤櫻（高中生）：好的。我叫加藤櫻。目前是高中一年級學生。平常寫筆記、閱讀講義、寫題庫的方法，都是沿用以前中小學的習慣。不過，最近開始懷疑起自己的做法，雖然不算真的很糟糕，但似乎沒有太大的成效。我很擔心，雖然考大學是兩年半以後的事，也不能就此鬆懈，如果今天能學習到最適合我的方法就好了。謝謝各位，還請大家多多指教。

星老師：感謝妳詳細又有禮貌的自我介紹。就像小櫻說的，要判斷自己現在的學習方式是不是真的有效，確實不是件容易的事。就算知道可能有更好的方法，但該怎麼尋找呢？

今天的課程，會從腦科學和心理學等角度，去探究學習科學的相關科學根據及實際成果，為各位歸納出最強的學習法。

其中包括提升記憶力和專注力的學習法，或是高效率讀書、寫筆記等訣竅，想必都會對準備考試有很大的幫助。

所以，今天可以說是學生跟考生必聽的精華課程。

接下來輪到長野翔太先生。

長野翔太（社會人士）：是，我是長野！最近覺得該提升一下職場競爭力了，所以想學習一些新的知識和技能。我目前擔任業務，業績一直都還不錯。不過，從以前我就不太擅長讀書，聽到要學東西，心裡多少有些抗拒……。

所以老實說，我也沒什麼讀書方面的心得，或習慣的做法，關於這點我也想好好改進。

星老師：要建立屬於自己的讀書方式，有時確實是會花上不少時間。

要是每個接觸到的學習法都去嘗試，不管有多少時間都不夠用。對已經出社會的上班族來說更是如此。有時，甚至會在好不容易習慣某種學習法之後，才發現不太能提升自己的學習效果。這種情況其實滿危險的，就像我剛才說過，我們很難單靠自己的力量，就正確判斷一種學習法是否對自己有效。

為了避免發生這樣的狀況，**我們更必須透過科學觀點，來找到適合自己的**

學習法，盡量避免在學習上「亂槍打鳥」。

學習，現代人所需、最重要的生存策略

星老師：接下來，請小出夫婦跟我們分享。

小出弘（銀髮族）：幾年前，我從工作多年的企業退休，近期希望開啟全新的人生篇章，創立一份屬於自己的小小事業，也就是所謂的「銀髮創業」。我想，接下來一定有很多需要學習的地方，除了滿懷期待，另一方面也感到有些不安。

小出友希子（銀髮族）：只要一想到「真的要邁向老年了」，人就這樣慢慢變老，實在令我感到坐立難安。所以，我才想重新學習不同的東西，這陣子也參加了不少課程和講座。有句話說：「活到老學到老。」這句話多棒啊！

星老師：沒有錯！為了讓人生過得更有意義，即使在退休之後，也可以透過大學和各種教育機構，學習不同的課程。這也是我們對「活到老學到老」的標準定義。

不過，到了現代，人們對這個詞也逐漸產生新的解釋。**為了適應現代社會的迅速變遷，無論是老年人或年輕人，都必須隨時更新知識、技能，或是不同的價值觀**。大學畢業之後，就不用再讀書了；從知名大學畢業、進入大企業工作，就能過上好的人生……這樣的時代早已成為過去。

就業之後，工作也未必會一路順遂，隨時都要有轉換跑道的心理準備，並配合環境變化，隨時更新自己的狀態。此外，也有不少人像弘先生這樣，計畫在退休後經營自己的事業，或是打算跨足跟過去工作資歷完全不同的領域。

在這個時代，學習是沒有盡頭的。在這層意義上，學習力對現代人來說，其實是最重要的生存策略。

以科學為基礎，所有人都合適的學習法

小出友希子：星老師，我可以問有關學習的煩惱嗎？

星老師：好的，請說！

小出友希子：你是史丹佛大學出身，而且，也在那邊教過不少世界一流的菁英。我想問的是，那些孩子的學習方法，對我和我老公這種學習能力超級普通，甚至可能比一般人還要差的人來說，真的也會有效嗎？

星老師：比起學習菁英的讀書方法，大家一定會更想知道，對學習能力普通，甚至對成績不好的人也同樣有效的做法，對吧？

今天的課程會集中在學習科學，其實也正是因為這個原因。舉例來說，想要提升學習成效，適度的休息是不可或缺的，這點在科學研究上也有不少實證。

但是，世界上總有人是例外。有極少數的人，能夠在完全不休息的狀態下，仍維持高度的專注力與學習成效。就算他們認為，一天連續學習十個小時才是最好的學習法，但是，其他人肯定辦不到。我們一般人的腦部、身體、心臟，都沒辦法負荷這樣的學習方式，但對這些極少數的人來說，確實有可能做到。

這次課程中會介紹的學習法，絕對不是只針對一部分特別的人群，像是只適用於菁英人士、僅限於美國人，或是只適合小孩子等狹義的範圍。

採用學習科學的學習法，是以人類腦部與心臟的結構為設計基礎。有科學實證，能夠提升所有人學習成效的學習法，未來終將取代從習慣和經驗法則中，推導出只對一部分人有效的方法。如此一來，才能將我們每個人都擁有的「學習DNA」潛能發揮到極致！

腦科學家與心理學家嚴選，最強學習法

加藤櫻：星老師，剛剛提到「從習慣和經驗法則推導出的學習法」，那跟

我們上課前填寫的問卷有關嗎？

星老師：沒錯！課前問卷的問題二，請各位從十種學習法中，選出自己常用的三種學習法。小櫻選的是哪幾項呢？

加藤櫻：我選了統整歸納、劃線標記、反覆閱讀。我照實回答了，但看到其他選項，反而開始擔心了起來。

長野翔太：我選的也跟小櫻很像。我的是劃線標記、反覆閱讀和關鍵字。

小出友希子：我是關鍵字、具現化、測驗。有些測驗就像玩遊戲一樣，會讓人有「答對了！」或是「答錯了，真可惜！」的感受。我比較擅長靠諧音或關鍵字來背東西，能夠想像學到的新事物，很令人開心！

小出弘：開心學習固然是好事，但是穩紮穩打也很重要。我認為，對於學習到的新事物，應該要有耐心的反覆求證、思考，到自己真正能夠理解。所以，我選擇的是探究思考、自我解釋、反覆閱讀。

星老師：問卷上的十種學習法，可不是我自己隨便想想、列出來給各位選的。那是**由美國的腦科學家與心理學家，透過相關科學研究，歸納出常見學習法的實際成效**。主要的研究對象，就是那十種學習法，以下是研究的結果。

美國腦科學家針對十種學習法的評價

最具效果　測驗、間隔重複。

略有效果　探究思考、自我解釋、交錯學習。

應多留意　統整歸納、劃線標記、關鍵字、具現化、反覆閱讀。

加藤櫻：我不祥的預感果然成真了。剛剛我選的三種學習法，全都落在「應多留意」那邊，請老師救救我吧！

長野翔太：沒關係的。我也有三個「應多留意」啊，但我的業績在公司裡，還是最頂尖的。

星老師：其實，就算以前用的不是最理想的學習法，今天的課程也可以作為改變的起點。為此，我們先來仔細看看這些評價背後的原因吧。

首先，「最具效果」的學習法，是**能夠跨越不同世代及領域，有效提升人們記憶力、理解力、應用力，且具有充足的科學根據**。

「略具效果」的方法，則會依不同世代及領域，而產生成效落差，或是雖然具備一定的科學根據，卻可能出現相反的案例。

「應多留意」的學習法，則是在不同世代及領域的效果都不太相同，需要特別注意，或是在科學上的相關根據不足。也就是說，「應多留意」的學習法中，也包括了根據應用方式的不同，其實同樣具有學習功效的方法。

無論如何，**最重要的一點在於，應該盡量將「最具效果」的學習法，導入自己的學習過程當中**。我們會在第三堂課時，詳細了解測驗和間隔重複這種學習方式。

在選擇其他學習法時，也要了解它適用於什麼樣的情況，並做好時時留意的心理準備，來進行學習規畫。

即使是「應多留意」學習法，搭配使用也有成效

小出弘：原來如此，統整歸納跟反覆閱讀，也不代表「完全沒有效果」，只是在學習的時候應該特別「留意」而已。

星老師：沒有錯。舉個例子來說，弘先生選的探究思考，比較能通用在不同的世代，因此適合已經累積相當經驗的學習者，或是對該領域已有一定程度知

識的人，尤其對於已經完成理論思考訓練的人來說，更是特別有效。

此外，目前已知自我解釋也較能通用於不同的世代。只不過，在進行自我解釋時，必須完全用自己的頭腦來思考。如果只是重複教材上所寫的內容，效果將十分有限。

另一個列入「略具效果」的是交錯學習。這個方法，跟集中學習同一主題或領域的學習法完全相反。在面對一項全新的主題或領域時，建議先集中學習新的事物，之後再透過交錯學習，來強化相關的知識技能。

比方說，有個小學生正在努力學習四則運算（加減乘除）。學完加減法之後，就全心集中在學習乘法上。等到熟悉乘法運算之後，才能進行交錯學習，在算式中加入加法與減法。假如在熟悉乘法前，就進行交錯學習，小朋友一定會感到很混亂吧。

長野翔太：明白了。其他的學習法該怎麼使用呢？

星老師：就算是「應多留意」的項目，只要小心活用，也是能夠發揮成效的。我稍微整理了一下，這些方法會對哪些人比較有效，以及可能產生什麼樣的效果。

「應多留意」的學習法

統整歸納：對於具備文字表達能力，或是對該領域已有某種程度理解的人特別有效。假如文字表達或統整能力，還沒有到達一定的水準，或是在學習全新領域時，使用這種學習法就需要特別留意。

劃線標記：在眾多研究結果中，都發現這個方法無法大幅提升學習的成效。透過劃線或標記，讓重要的部分看起來比較醒目，不會有任何學習效果。不過，若是結合**統整歸納**或**探究思考**等學習方法，寫下自己對標記處的重點整理及想法，就能發揮一定的學習成效。

關鍵字：利用諧音或關鍵字來加強記憶的方法，其實相當實用。當遇到外語、許多項目並列，或是有具體單字及人名的學習內容時，這種記憶方式會特別有效。只不過，需要特別留意的是，這個方法雖然有助於短期記憶，但與靠自己思考得來、沒有關鍵字的記憶相比，是比較容易遺忘的。因此，當遇到需要長期記憶的內容時，建議與其他學習法並用。

具現化：對歷史及國文等科目，與人物、場景，或有故事的學習內容特別有效。但相反的，如果是抽象或難以解釋的內容，就比較不適用了。想像力雖然能幫助記憶，但對於應用學習內容，或是進一步加強理解的效果都較為有限。學習效果也容易受到個人想像力優劣的影響。

反覆閱讀：相隔數日後，再重新閱讀之前學過的內容，這個方法對幫助記憶特別有效，但很難提升學習後的應用能力。此外，回頭閱讀第一次時，效果雖然卓越，但從第二次之後，整體的效率就會跟著降低，因此建議要與**測驗**等學習法並用。

星老師：經常使用「略具效果」或「應多留意」學習法的人，可以參考上述的內容，調整平常的做法，或是搭配不同的學習法來提升學習效果。

基因是USB，腦部則是硬碟

小出弘：不好意思，我有個問題想問，我對之前提到的「學習DNA」特別有印象。充分理解人類腦部學習力的結構，掌握有效率的學習法。這樣的學習科學，令人感到有些浪漫呢。

人類在進化的過程中掌握了「學習力」，並且深植在我們的DNA當中，到這邊我還能夠想像。

但同時，也覺得有一部分難以理解。

我們家有幾個孩子，都已經成家立業了。從孩子出生之後，為了讓他們成長獨立，得付出大把的時間以及勞力。但如果依照達爾文的進化論，人類應該會在進化過程中，留下能夠在嚴峻的自然淘汰環境中勝出的生物特徵。

可是，人類生來什麼都不懂、什麼都做不到，在自然淘汰的環境下，處境豈不是很不利嗎？如果人能夠像剛出生立刻就能走路的馬那樣，一生下來就擁有生存必需的知識和技能，應該會更容易在自然淘汰的環境下勝出吧？

長野翔太：其實我剛才聽老師提到，「學習力是最重要的生存策略」時，也有些耿耿於懷。

與其努力學習，會不會原本已熟悉的知識和技能，才是最適合的生存策略？假如打從出生起，就已經掌握那些必備知識和技能，那是不是也沒必要特別透過學習來提升競爭力了……？

星老師：我稍微解釋一下吧。首先，我們腦部所能乘載的情報量，其實遠比基因所能乘載的，還要高出許多。

人類的DNA由A（腺嘌呤）、T（胸腺嘧啶）、G（鳥糞嘌呤）、C（胞嘧啶）四種鹼基所構成。A與T、G與C相互配對，形成約三十億組的螺旋結構。這些鹼基配對，就是構成人體的「設計圖」。

另一方面，人腦是由約八百六十億個被稱作「神經元」的神經細胞所構成，每個神經元都與其他神經元相互連接。這些相接處被稱為「突觸」，總數更是多達百兆。

再更簡化一點，把這些數量換算成情報量吧。

如果把DNA的每一組鹼基對當成是一位元（Bit），那我們基因的情報量大約就是七百五十MB，大概是能放進USB裡的情報量。

而假如腦部的每個突觸是一位元，全部加起來就有幾百TB，這些情報量換算成USB也要數千個，要是換算成家用電腦的硬碟，就算有十個也不夠裝。

也就是說，**人腦的容量遠大於DNA所能乘載的總量**。

這只是個概論，不過也顯示出，累積在腦內的知識與技能等情報資訊，要完全「安裝」在DNA上是不可能的。

想適應環境的改變，「學習」是最強武器

星老師：而且，就算DNA上乘載了足以在目前環境生存的知識與技能，「學習力」仍是讓人們能在嚴峻的自然環境下存活的重要武器。

自然環境非常多元化，不只有炎熱、寒冷的地區，還有不同的氣候及地形，各地的動植物也獨具特色。在這樣多變的環境下，於進化過程中取得最適宜特徵的生物，才能在自然淘汰的機制下成功勝出。

小出弘：這就是達爾文所提出的「生存競爭」（struggle for survival）吧。

星老師：是的，自然環境不僅多元，更是會時時刻刻產生變化。人們眼前隨時可能出現從未見過的動物，或是遭逢地動天變的考驗。

而且，即使是同一種生物，個體之間也存在著差距，人類在群體當中，也必須花費一番功夫才能相互適應呢！

無論是什麼生物，想在嚴峻的自然淘汰之下勝出，就必須能夠應對多元且不斷變遷的挑戰。

從另一個角度來看，生物的DNA在進化時，需要歷經無數的世代，甚至是幾千、幾萬年的時間，才會出現變動。

所以，**想要適應環境的改變，持續學習會是最聰明的選擇**。

長野翔太：之前也聽過我老爸感嘆，自己在年輕全盛時期學到的知識和技能，現今社會上幾乎都不適用了。那些知識和技能，就算遺傳到我的DNA裡，也沒辦法讓我順利在現代社會中生存吧。

星老師：人類正是因為在成長過程中，必須學習許多知識和技能，才能夠彈性適應周遭環境的變化。自小嬰兒呱呱落地之後，就要憑藉學習力去適應身處的世界，這樣的生存策略，其實是人類最大的武器。

要達到人類的等級，人工智慧得花數百小時

小出友希子：人類的大腦真的很厲害呢。不過，聽說人工智慧（AI）已經大幅超越人類了。在圍棋界，不是已經出現比人類還強的機器人嗎？

星老師：確實，近年來，人工智慧技術的發展成果相當亮眼。現在，電腦也可以像人類一樣，學習新的知識和技能了，那是一種被稱作「機器學習」（machine learning）的技術。

各位最近有聽過機器學習中，一種名為「深度學習」（deep learning）的方法嗎？那是一種在電腦上，模仿人腦神經突觸連接的結構，以「人工神經網路」系統為基礎的技術，人工智慧也因此來到了過去未能抵達的高度。

像友希子剛才提到的，在圍棋界登場的人工智慧「AlphaGo」，也因為勝過圍棋世界冠軍而聲名大噪。這顯示，電腦不僅能夠做到人類能達成的事，甚至還一口氣超越了人類原有的水準。

小出弘：不過，這也滿令人難過的耶。總覺得，人類應該也要有一些電腦無法超越的特殊能力或性質才對。

再說，根據科技奇異點（按：此觀點認為，人類正在接近一個會使現有科技被完全拋棄，或人類文明被完全顛覆的事件點，而在這個事件點以後的事件完全無法預測）之類的說法，想到世界有可能被擁有比人類更高智能的人工智慧侵占，更是令人倍感威脅。

之前也看到SpaceX和特斯拉的執行長伊隆．馬斯克（Elon Musk）公開表示，在二〇二五年之前，比人類還要聰明的人工智慧就會誕生在這個世界上。人工智慧真的能夠超越人類嗎？

星老師：在提倡人工智慧總有一天會超越人類的假說當中，伊隆．馬斯克所提出的「二〇二五年論」算是相當極端的例子。

這個主題囊括各領域間不同的想法及論點，是個重大且深奧的議題。我想，光是這個主題就可以講上一整天了，我就先做個簡單的結論吧。

人工智慧即使能夠模仿人類下棋、臉部辨識，或是完成一些特定的任務，但整體上要達到人類等級的智慧，還是必須花上不少時間，甚至也有不少論點主張這是不可能實現的。

以現今的人工智慧來說，確實還有許多人類的能力難以仿效。**人類只需要參考少量範本就能掌握的技巧，人工智慧卻需要數百萬個範本才能夠習得**。舉個例子，人類只要花兩小時就能順利進行的電玩遊戲，最尖端的人工智慧卻需要學習數百個小時。

因此，部分學者也聲稱，以目前的人工智慧技術來說，很可能還無法完全重現人類的學習力。

嬰兒的智能，就像一張已上底稿的畫布

加藤櫻：不過，人類在掌握一種電玩遊戲的玩法之前，其實就已經具備玩遊戲的基本能力了。例如，能辨認畫面上的角色，或是理解場景的意義。也有不

少人可能是因為已經玩過類似的遊戲。

另一方面，ＡＩ要學的東西可能比較多，所以得花上比較多時間，因為ＡＩ是從零開始學習呀。既然如此，以現在的機器學習技術來說，也很可能有效重現人類的學習力對吧？

星老師：要拿在學習之前就像張「白紙」的ＡＩ，跟從出生開始就不斷累積許多經驗的我們人類相比，確實是有些不公平。

那如果是人類的嬰兒呢？但其實，要拿嬰兒去跟ＡＩ比，其實也同樣是不公平的。因為**嬰兒在出生時，就已經具備一定的智能。包括數學的四則運算，以及對於邏輯推理和機率論等的直覺**。

當然，跟長期累積經驗的我們相較之下，還只算是初階的水準，但嬰兒為了適應這個世界的環境，從出生時就擁有基本的知識基礎，這點在目前的心理學及腦科學相關研究中，都已經證實。

小出弘：這麼說來，**與其說嬰兒像是張純白的畫布，倒不如形容成一張畫有素描底稿的畫布，上面已經乘載了一部分的重要知識。**

星老師：是的。從洛克和盧梭等哲學家，到近現代的思想家與科學家，都將嬰兒視作一塊「純白的畫布」。不過，現代科學卻徹底推翻了這個理論。

人類從出生就擁有所謂的「智能基礎區塊」，利用發展出的能力，從周遭環境中學習生存所需的知識。智能基礎區塊是人類為了從自然淘汰中存活下來，花費漫長時間，編制在DNA中的生存裝置。

因此，就像小櫻剛才所說的，當面對一個新任務時，AI必須從零開始學習，與人類的智能相比，「AI要花太多時間」這點，就存在某種程度的不公平。從這個觀點看來，AI要從全新的起點開始學習，必須面對龐大的資料，因此需要花費更多時間，也是理所當然的。

包括這些認知研究，人類仍在持續發展人工智慧的相關科技。

活到老，大腦也可以學到老

星老師：接下來，我們來討論課前問卷中的「問題三」。

我們在學習某項事物時，大腦會產生一種電流脈衝，藉此「活化」大量神經元。而在活化的同時，神經元之間相互連結，進而產生新的突觸，或是放大原有的突觸。根據不同的學習領域，會強化該區域神經元的迴路，當下次再發生類似的狀況時，那個區域的神經元就會更容易活化。

請試著想像，**每當我們學習某項事物，數百萬個神經元就會以某種形式產生變化**。變化的過程可能會花費數小時，乃至於數天，同時也需要充足的營養及能量。假如是年紀還小的孩子，在學習過程中，大腦甚至可能耗費掉全身五〇％的能量。

小出友希子：不過，像我們夫妻這種「老人」的大腦，不管學什麼，應該都不會產生變化吧？反而還要擔心腦細胞會隨著老化而不斷減少……唉，上了年紀真麻煩，有時真的會莫名憂鬱起來呢。

星老師：怎麼能自稱「老人」呢！**人在學習時，大腦會產生變化的事實，跟年齡是沒有太大關係的**。腦科學的相關研究已經證實，腦部具有「可塑性」（plasticity），即使上了年紀，我們的大腦也會持續產生變化。

舉個例子來說，倫敦的計程車司機都必須牢記市區道路的詳細地圖，調查他們的大腦之後，可以發現掌管「空間概念」的腦部區域，會比一般人要來的大。在接受駕駛訓練及熟記倫敦地圖的同時，腦內的特定區域也會逐漸變大。但是，在離職之後，這些人的腦部特定區域，就會恢復成原本的大小了。

小出弘：但在腦部產生變化的幅度上，小嬰兒跟老人應該不太一樣吧？

星老師：是的，確實很難否定年齡造成的差異。

舉個例子，一般來說，人們處理情報的速度，與長期、短期記憶等能力，在過了三十歲之後會逐漸下降。在生理上，前額葉及海馬迴等大腦的主要部位，也會有慢慢縮小的傾向。

不過，各位聽了也不用太過悲觀，**雖然情報處理能力或記憶力可能會有些許的衰退，但即使過了三十歲，大腦整體的知識量仍能持續擴增到八十幾歲**。而且，研究也已經證實，就算前額葉較為縮小，也不會影響其活躍程度。

另一方面，人們即使在年輕時較常使用左腦思考，上了年紀之後也能轉換使用右腦來維持生活水準。這也顯示，當我們逐漸年老，腦部的作用也會跟著產生變化，以彌補不足的部分。

不僅如此，像海馬迴等掌管學習機能的重要部位，隨著年齡增長，仍然可以產生新的細胞來進行學習。

此外，透過持續學習、運動，以及進行其他腦力訓練，也都能維持、強化腦部的可塑性。適度活動身體，對學習來說也相當重要。

小出友希子：不過，有些事還是趁年輕時學起來比較好吧？像英文的發音之類的，上了年紀之後，不管再怎麼努力，都沒辦法講得很順、很流暢。其他像是計算或思考能力，感覺也多少有差呢。

星老師：是的，語言發音等相關能力，童年時期就會「固定化」在大腦的語言區。雖然可能依能力不同，而有時間上的差距，但包括思考力在內，有許多能力在青春期前，都會「固定化」在掌管邏輯和理性的區域。

不過，雖然說是固定化，也並非代表停止學習。**固定化只是完成了一個階段的智能基礎區塊，在那之後，我們還是可以運用更複雜的組合來推動學習。**

舉例來說，語言的發音能力，大約在三歲左右就已固定化，初步形成語言發音的「基礎區塊」。而在習得新的詞彙時，該區塊會組合過去學習到的發音方式，以求盡量接近正確的念法及語調。因此，即使發音能力已經固定化，從小學或國中等較早的時期開始學習其他語言，就能更容易掌握道地的發音。

同樣的，數學也可以從算數的四則運算這類簡單的題型開始，隨著經驗與知識的積累，進而能挑戰微積分或更加複雜的方程式。

簡單來說，在「固定化」之後，如何活用基礎區塊累積的知識技能，將大幅影響往後的學習成果。

暫時記得靠工作記憶，久久不忘靠長期記憶

星老師：學習時，最不可或缺的就是記憶力了。在第一堂課的尾聲，我們來稍微了解一下有關記憶的腦部活動吧。

掌控記憶的神經元迴路，遍及大腦的不同領域。例如，社會課時，我們學到「二〇〇九年，歐巴馬總統就職」這項歷史。其中，包含「二〇〇九年」這個年分，加上「歐巴馬」這個人物、「總統」的職稱、「就職」的概念，以及老師在課堂上的詳細說明、教科書上刊載的照片等情報。

在一個事件之中具備各項要素，彼此之間互有關聯，並牽涉到視覺及聽覺等不同的認知機能，因此相應的神經元迴路，也會連結至大腦內部不同區域。

記憶有許多種類，對應不同機能的區域，分散於腦部各處。那麼，各位知

道記憶有哪些種類嗎？

加藤櫻：像工作記憶跟長期記憶吧？

星老師：工作記憶是一種將現在的想法或靈感，暫時保存在意識中的腦部機能。

舉個例子，接下來我要說五個數字，請各位依序記下來。四、一、六、七、二。

長野翔太：老師，這我還可以。四、一、六、七、二。

星老師：很好，長野先生確實記住我剛才說的五個數字了。實現這項任務的，就是腦部的工作記憶機能。關於這點，我會在第二堂課詳細介紹。這項腦部機能，主要與從額頭至頭頂附近的前額葉及頂葉，有直接的關聯性。

另一方面，長期記憶有幾種主要的種類。各位知道嗎？

小出弘：一種是像騎腳踏車時，身體自己「記得」的動作對吧？

星老師：沒錯。弘先生舉的例子，就是所謂的「程序記憶」（procedual memory）。這是種能夠透過動作來表現，但不見得能實際用言語來形容、說明的記憶。

而依對象和情況不同，也有一些「能夠形容」的長期記憶，主要可區分為「情節記憶」（episodic memory）和「語意記憶」（semantic memory）兩種。

情節記憶是人們對過去某個狀況的主觀記憶。用剛才舉的例子來說，在學到「二〇〇九年，歐巴馬總統就職」這項歷史時，課堂上的情景和老師的解說，以及教科書上刊載的照片和文章等，都是在學習「歐巴馬總統就職」時，與這些「情節」有關的長期記憶，因此都可以歸納為「情節記憶」。

另一方面，語意記憶是與事實或一般概念有關的記憶。像「二〇〇九年，歐巴馬總統就職」這段史實，無論以什麼方式來學習都不會改變，因此，也比較不容易受到特定課程或教科書的影響，是常用於歷史相關概念的一種長期記憶。

睡覺，讓你記得更牢

星老師：而且，這兩種長期記憶——情節記憶和語意記憶——是透過大腦不同的運作模式形成的。

在課堂上學到「二〇〇九年，歐巴馬總統就職」這段歷史時，我們一開始會對老師的解說、教科書上的記述、老師與同學的問答，以及自己當下的想法等細節最有印象。這就是我們剛剛提到的工作記憶。

接下來，當時課堂上的情景，會以情節記憶的型態保存在大腦當中。這個時候，腦中名為海馬迴的神經元，會使原本的神經元迴路產生變形。也就是說，情節記憶會就此「暫存」在海馬迴當中。

但是，這些暫存的情節記憶，並不會永遠停留在海馬迴中。睡眠中，記憶會產生變化。人入睡後，海馬迴的神經元會將暫存的情節記憶，在大腦中各個相關區域「重播」。伴隨著神經元迴路的活化，原有的情節記憶，會以語意記憶的型態長期記錄在大腦當中。

加藤櫻：也就是說，**海馬迴與睡眠，是觸發長期記憶的關鍵因素？**

星老師：沒錯。海馬迴在情節記憶及語意記憶上，扮演著十分重要的角色，假如這個地方生病受損，或經手術切除，對於記憶能力會產生極大的影響。

至於睡眠方面，目前也已有許多關於長期記憶的研究成果。比方說，留存在海馬迴中的，不見得全都是能長期保存下來的語意記憶，有些記憶就無法保存下來。

既然如此，要怎麼做才能將記憶完整保留下來呢？該如何讓想記下來的情報，確實成為長期記憶？相關研究發現，透過「標的記憶再活化」（Targeted Memory Reactivation，簡稱TMR），能使人們希望記得的長期記憶更加穩固。

舉例來說，在一間帶有玫瑰花香的房間裡讀書，並且當晚也在有著同樣玫瑰香氣的房間裡入睡，當天沉浸在玫瑰花香中學習到的知識，就會比較容易成為長期記憶。在入睡中重現學習時的玫瑰香氣，能幫助大腦「重播」暫存在海馬迴中的學習內容，使其更容易成為語意記憶。

同樣的，在睡覺時播放學習中聽的音樂，據說也會有類似的效果。

大腦的記憶機能非常深奧，也相當有趣。就讓我們透過今天的課程慢慢看下去吧。

史丹佛實證最強學習法

- 沒有必要嘗試一堆傳統的學習法，透過以學習科學為基礎，從最適合大腦構造的學習法開始，找出最適合自己的方法。
- 注意「常見的十種學習法」其各自的效果及使用方式。

最具效果 測驗、間隔重複。

略有效果 探究思考、自我解釋、交錯學習。

應多留意 統整歸納、劃線標記、關鍵字、具現化、反覆閱讀。

- 腦部的資料容量，比DNA所能乘載的要大上許多。生存必備的知識，沒辦法完全寫入我們的基因之中。
- 學習力，是人類在進化過程中，獲得的強力生存策略，使人類得以應對不斷變遷的環境，以及知識與技能的進步。

- 剛出生的嬰兒，其實就已經擁有智能，包括數學的四則運算，以及邏輯推理和機率論等直覺。
- 無論是成年人或孩童，在學習時，神經元的迴路都會產生改變。
- 即使上了年紀，腦部逐漸老化，大腦的使用模式也會自動「優化」，補足原本缺乏的機能。所以，即使年紀漸長，也能夠不斷累積知識。
- 學習到的情節記憶，會透過海馬迴「暫存」在大腦中，在人們睡眠時「重播」，最後形成名為語意記憶的長期記憶。

第二堂課

工作記憶，怎麼記才不會忘記

在課程的休息時間，小出友希子正和長野開心的閒聊著。友希子正拿著手機，給長野看她最近剛出生金孫的影片。

一旁，小櫻對兩人的談話偶爾露出會心一笑，邊用鉛筆在筆記上奮力寫些什麼，大概是第一個小時的統整筆記吧。

小出弘一邊用手帕擦拭著手，一邊回到座位上。星老師也一起回來了。

全員就定位之後，不約而同轉向星老師所在的方向。

工作記憶，你當下腦中想到什麼、要做什麼

星老師：經過短暫的休息，我們在第二堂課，會聚焦到工作記憶這個主題。我們在第一堂課有稍微提過工作記憶，為了讓各位回想起來，我們來試試看以下這個小測驗吧。

1. 請先想好某個人的名字，不管是你的家人、朋友，或任何人都好。

2. 請在腦海中，將那個人的名字倒過來念。

3. 請在腦海中，將倒著的名字念成以下的拼音：把每個注音念成下一個注音，聲調（一到四聲）請忽略。

以我的名字「星友啓」來說，倒過來念就是「啓友星」。「ㄑ」換成「ㄒ」，「ㄧ」換成「ㄨ」，「ㄡ」換成「ㄢ」，「ㄒ」換成「ㄓ」，「ㄥ」換成「ㄦ」……所以，答案的念法會是「ㄒㄨㄨㄢㄓㄨㄦ」。

現場學員陷入一陣沉思。

星老師：我想，應該很少人會覺得第三項很簡單。第一項，請各位從長期記憶的名單中找出一個名字，先意識到它的存在。第二跟第三項則是重新組合那個挑選出來的人名。這個測驗過程，這正是典型需要工作記憶的例子。

工作記憶有幾種不同的定義，大致上來說，就是**將事情暫存在現在的意識中，並且實行某些具體的「指令」，例如整理或重組等**。像聽覺上的言語認知、視覺上的空間認知、情節上的認知、實行指令等機能，都是透過多項要素的組合，與大腦的各個部位有密切的關聯性。

長野翔太：老師，請等一下，我的理解力好像快到極限了，不好意思。也就是說，現在我們意識到什麼，以及後續要採取的行動，都跟工作記憶有關嗎？

星老師：沒錯。而且，長野先生現在也正向我們「示範」工作記憶的用途呢。你聽了我對工作記憶的說明，在腦海中經過重點整理，再透過語言實際表達了出來。

人能同時記得的事，最多只有五件

星老師：有人做完剛才的三個小測驗了嗎？

加藤櫻：雖然有點辛苦，但應該算是完成了。我媽媽「加藤佑佳子」倒過來念是「子佳佑藤加」，所以結果應該是「ㄘㄑㄨㄛㄨㄢㄋㄦㄑㄨㄛ」。

星老師：好厲害！能迅速完成第三項的人，其實真的不多。

第三項的難度，也讓我們了解到有關工作記憶的一大重點。這件事乍看之下雖然複雜，但其實在操作上非常單純，只要寫在紙上，就能馬上得出答案了。不過，如果所有步驟只能在腦海內進行，那就是另一回事了。大多數人的工作記憶，都會因此馬上陷入混亂。

第三項對許多人來說，之所以最為困難，是因為一般人的工作記憶容量較小的緣故。以前我們會說，人們只能夠同時記得七件事情，但**在最近的研究當中**

顯示，頂多三到五件事就是極限了。

雖然有個別狀況及年齡上的差異，不過對任何人來說，工作記憶本身就是一種非常有限的腦部機能。

小出弘：啊，這樣我就放心多了，原本還擔心除了我以外，其他人都能做到該怎麼辦呢。我覺得，第三項就算在我還年輕時，也很難完全回答出來。

工作記憶，透過「睡覺」來鍛鍊？

長野翔太：就算沒辦法有太大的差異，我還是想盡可能提升工作記憶的能力。難道就沒有什麼方法可以訓練嗎？

星老師：這問題問得好。近年來，鍛鍊工作記憶的方法其實隨處可見。不過，在科學上有十足根據的「鍛鍊法」只有一種，那就是**睡著，耐心等**。

長野翔太：睡著，耐心等……？

星老師：是。工作記憶的容量，在人們從童年時期長到二十歲左右，會逐漸擴增。也有相關研究結果顯示，從四歲到十五歲，平均會增加六六％之多。假如根據這個理論，小櫻目前算是現在進行式呢。

不過，工作記憶也會隨人體老化而自然衰減，像我這樣的阿伯，就算睡再多也不會增加了。

其實，過去也曾出現過不少相關的鍛鍊方式，在研究與實證之後，發現其中有幾樣鍛鍊法的效果雖然短暫，但確實有成效。不過，無論是哪種方法，都只能提升鍛鍊的特定項目，而在從事其他作業或活動時，無法同樣獲得提升。

舉個例子來說好了，假設現在有個腦力訓練遊戲。透過不斷的練習，大腦年齡會隨之下降。即使一開始，大腦年齡有五十歲，經過一段時間的練習，可能就會變成十八歲。

不過，這真的表示大腦的年齡就此改變了嗎？還是只是熟悉了那個遊戲的玩法而已呢？

研究結果顯示，玩家只是因為熟悉那個遊戲，而且，這個能力並沒有辦法應用到其他遊戲上。也就是說，**不是大腦的年齡改變了，玩家只是在訓練之後，比較會玩特定的腦力訓練遊戲而已。**

邊聽課邊寫筆記，可能造成反效果！

星老師：關於工作記憶容量較小的這項事實，在尋找有效的學習法時相當重要。

舉個例子，在課堂或簡報會議中，很多人會寫筆記。可能很多人覺得，為了要寫成筆記，就必須更專注在學習上，所以自然而然會提升學習效果，這大概是從我們國小開始就習慣的做法了。

但是，研究結果已經證實，**邊聽課邊寫筆記，對於工作記憶的負擔其實是非常大的。**

邊聽課邊寫筆記的話，須集中在聽到的內容上，並決定要擷取哪些部分，選擇在筆記本適當的地方，用正確的文字寫下。且在這個過程當中，耳朵也會持續聽到新的學習內容。這個時候，大腦就必須在短時間內同時進行好幾項作業。工作記憶的小小容量幾乎都快爆炸了。

所以，邊聽課邊做筆記，不僅無法使人更專注，反而有可能造成反效果。

加藤櫻：我現在就是邊聽老師說話邊寫筆記，真是太失禮了。本來想說，這樣應該更能集中精神才對。

星老師：沒關係的，邊聽課邊做筆記也不是完全不行。對於已經累積不少寫筆記經驗，像是小櫻這樣的學生，或是出社會已久的人來說，應該都已經擁有一定程度的筆記技能了。

也就是說，大腦已經習慣於邊聽課邊做筆記，工作記憶的負擔也會比較輕，因此這部分應該不會有太大的問題。

不過，假如課程的內容比較困難，或者學習的是全新領域的內容時，還是要留意一下會比較好喔。

小出友希子：老師，我懂！我每次出席座談會或會議，都會請他們讓我現場錄音，因為我對自己寫筆記的功力沒有自信嘛。但是，有些場合不是不能錄音嗎？像在學校上課時，大多不會開放。在學校上課不能錄音，我又還不太習慣做筆記，這種時候該怎麼辦呢？

星老師：其實身為教師，上課時也必須特別留意，學員在工作記憶上的限度。例如，發講義等書面資料來減輕學員寫筆記的負擔、配合學生年齡設計講課進度等。或是將課程設計成集中聽講和寫筆記的時段相互交錯。

附帶一提，「聽完一段話之後，再把內容直接寫出來」這種「曲線式」的做法，從腦科學的角度來看，也具有相當大的成效。關於這一點，我會在第三堂課詳細說明。

當然，很多時候教學方不會留意到這些細節。所以，我同樣會在第三堂課介紹能適度減輕工作記憶負擔，並且提升學習成效的寫筆記方法。

人的大腦並不適合多工作業

小出弘：老師，「邊聽課邊寫筆記」會給工作記憶帶來不必要的負擔，那其他「同步進行」的工作也一樣嗎？我想起之前還在上班的時候，有位資深的前輩，他能邊接電話，邊迅速處理跟話題無關的各式文件，工作效率非常高。

星老師：一般來說，「同時」進行複數工作的「同步任務」或「多工作業」（multitasking），都會對工作記憶造成不小的負擔。

附帶一提，當我們在執行多工作業時，大腦不一定是同時進行多個工作，較常見的情況是，從一項作業迅速切換到另一項作業上。在這種狀況下，要轉換回原本的作業時，就必須記得之前的進度，或是需要處理的狀況等，這些細節都會為工作記憶帶來負擔。

簡單來說，就是人類的大腦並不適合處理多工作業。

至於**能夠高效率處理多工作業的人，其實是藉由習慣作業流程，以成功降低工作記憶的負擔**。相反的，假如是在不熟悉的工作領域執行多工作業，效率就會大幅下降。

造成工作記憶負擔的五大因素

星老師：我想各位應該都已經了解，多工作業會為工作記憶帶來不必要的負擔。至於其他可能會為工作記憶帶來負擔的學習環境，各位覺得是什麼樣呢？

小出弘：從老師之前說的話來推斷，是學習新事物的時候？啊，還有比較沒有頭緒的狀況之下？人比較容易理解互有關聯的事物，對毫無相關的事就比較不擅長了。

星老師：沒有錯。學習第一次接觸的事物，總是比較困難的。跟自己擅長的領域相比，不難想像全新的學習領域，會為工作記憶帶來多大的負擔吧。

此外，是否有關聯性也是相當重要的一點。舉例來說，同樣是八位數，以偶數為排列順序的「24682468」，跟隨機數字的「32795626」，容易停留在腦海中的程度就完全不同。

所以，「新資訊」和「隨機性」，與工作記憶的負擔，有相當大的關係。

加藤櫻：學習單一項目時還容易理解，一旦把許多項目組合起來，就比較困難了。

星老師：小櫻說的沒錯。像我們幾乎能馬上回答出「2×3」這種簡單的算式，但如果是「222×333」就沒辦法了。

而且，像是「先做完這個部分之後，再做那個，如果發生這種狀況的話，就這樣做……。」這種處理事情的順序和階段性理解能力，對工作記憶來說是沉重的負擔。像是理科實驗或數學的證明題，都是常見的例子。

所以，有關「組合」和「順序」的作業，也同樣會為工作記憶帶來負擔。你們覺得，還有什麼狀況呢？

小出友希子：還有什麼呢？都這把年紀了，任何事情都是大腦的負擔啊！

星老師：確實，任何事情只要會用到大腦，都算是種「負擔」呢！而在眾多事情當中，負擔可能特別大的，就是「選擇」。

比起複數的選項，讓人煩惱要選哪一種，選項如果只有一到兩個，馬上就能下決定的狀況，對大腦的負擔會比較少。眾所周知，蘋果的創辦人史蒂夫．賈伯斯（Steven Jobs）為了減少每天早上做決定的時間，一向只有單種服裝打扮。

因此，我們可以整理出來，**新資訊、隨機性、組合、順序和選擇這五項因素，會為工作記憶帶來負擔**。請特別留意這些因素，找出適合自己的學習方式。

「這實在很困難……這根本超越了我能力所及……。」心裡有這樣的感覺，可能不是你本身能力或才能方面的問題。人類的工作記憶容量原本就偏低，或許你只是工作記憶負擔過大，只要小心排除可能造成負擔的因素就好。

長野翔太：與個人的才能或智能界限相比，一想到原因可能出在人類的工作記憶容量原本就偏小，就感覺似乎輕鬆了不少。

加藤櫻：我也有同樣看法。學習比較困難的科目時，我常常覺得腦袋都快要爆炸了。剛才老師提到工作記憶的容量原本就偏小，我感覺放心了不少。

星老師：謝謝大家的回饋。其實，有研究結果顯示，光是像這樣**了解人類在工作記憶上的限度，就足以提升學習的功效**。

自己的煩惱跟大家一樣，非常「標準」。畢竟人類的工作記憶有其限度，負擔太大就容易應付不來。這時候，原本內心想著：「為什麼我在上課時已經那麼努力寫筆記了，卻還是記不起來？」的煩惱可能就會消失，也能揮別不必要的壓力。這對於提升學習效果也具有一定的幫助。

橫跨不同世代，這種「煩惱標準化」的成效已經獲得證實。也就是說，光是了解工作記憶的極限，就能夠期待大家的學習功效有所提升了！

視覺化，可以分散工作記憶負擔

星老師：不只「煩惱標準化」會發揮效果，了解造成工作記憶負擔的主要因素，才能盡量避免使用錯誤的學習法，提升學習的成效。

假如在學習過程中，察覺到會造成工作記憶負擔的因素，就要想辦法分散那些風險。

這時，不該追求在短時間內完全理解學習內容，而是要將目標放在慢慢花時間去理解。這種時候，就要注意以下幾個重點。

分散工作記憶負擔的方法①

瀏覽整體內容：大致了解學習內容整體的印象。例如：「全部加起來有六個步驟」，或是「A部分與B部分有關」等。

集中鑽研局部：依序且徹底理解構成整體的每一項「局部」。在此階段時，可以無視各個項目之間的關聯性。

確認關聯性：重複「瀏覽整體內容」與「集中鑽研局部」的步驟。學會幾項「局部」之後，再開始了解其個別位置和與整體的關係。

例外延後處理：將例外的內容延後處理。大致理解基礎內容之後，再嘗試理解這個部分。

星老師：首先，要「瀏覽整體內容」，掌握整體學習內容的概要，接下來「集中鑽研局部」，依序學會每一個部分。學會之後，再開始了解局部與整體的關係及個別位置，也就是「確認關聯性」，這樣能夠強化對整體及局部內容的理解程度。

而「例外延後處理」，像是文法的不規則變化，或數學中特殊算式等例外狀況時，只要先理解有例外出現，就可以先放著不管。

為了避免被那些特例分散注意力，應該先集中了解學習內容的基礎部分，否則，就算是原本能理解的內容，也會越來越搞不懂。

測驗或大考時，常出現特殊題型，所以我們在學習時，難免容易先把注意力集中在這些特別的部分。

但是，注意力只要一分散，工作記憶就容易超載，很可能連基礎的內容都無法學會。

其實，只要學會活用腦部的多項機能，也能夠一定程度減輕工作記憶的負擔。請留意以下我所提到的重點。

分散工作記憶負擔的方法②

活用多項機能：融合視覺及聽覺效果來學習。具體來說，就是在學習過程中，導入圖解或影片元素。如果情況允許，可以把自己對學習內容的印象或概念畫出來，將資料視覺化。

星老師：前面也提過，工作記憶包含視覺、聽覺、語言及空間理解力等多種要素。因此，**假如只用耳朵聽，沒辦法理解所有內容，只要改用圖像或影像等視覺資訊，就能有效分散工作記憶的負擔，進而提升學習成效。**

所以，要是覺得學習的內容太難，不妨上網搜尋圖解或影片的教材，尋找能夠活用視覺及聽覺來學習的方法。當然，自己整理成圖像或畫出概念，嘗試將資料視覺化，也有一定成效。

寫實圖解，有助於學習嗎？

星老師：只不過，在選用的繪圖或影片上，也不能用力過猛了。這些充其量只是學習上的輔助。假如能考量到整體平衡來選擇，那是再好不過了。

大家都會以為，教材上圖片數量跟種類豐富，還附有影片，一定很容易理解。可惜的是，事實似乎跟我們想像的有所出入。

以下是某個相關的研究結果。

某大學的課堂上，正教到瓢蟲從卵、幼蟲到成蛹、成蟲的變態過程。一組學生使用的講義，含有詳細且顏色鮮豔的圖片，而另一組使用黑白的概要圖來教學。上完課之後，學生們同時接受測驗。

各位覺得會得出什麼樣的結果呢？

小出友希子：用彩色圖片的那邊，當然比較容易理解吧？

星老師：其實，測驗結果顯示，兩組學生的學習效果沒有什麼差別。學生的答案也都正確，並且都確實掌握瓢蟲變態過程的概念。不過，值得注意的是，**在其他昆蟲的變態過程等相關的「應用題」上，教材選用黑白概要圖的學生所得到的成績，就比選用彩色圖片的學生來得好。**

圖片用色鮮豔和精美排版等，讓講義充滿太多細節，會分散學生的工作記憶，比較難集中在「變態」的概念上。因此在課後測驗中，才會沒辦法應用在其他昆蟲的變態概念上。

在科學研究上，**這類以引人注目為目標，卻屬於學習概念中非必要的細節**，被稱作「seductive details」。「seductive」是帶有「誘惑」、「引導」等意義的形容詞，所以這個名詞**稱作「誘發性細節」**。

這並不局限於圖片的用色及排版設計，其他像是插圖、影片的音效或背景音樂等，也都可以歸類為誘發性細節。

許多研究論文指出，誘發性細節在學習的個別主題（如前述實驗中的「瓢蟲變態過程」）、概念（如前述實驗中「變態概念」）的應用上，都會產生負面影響（稱為「誘人細節效應」）。

誘人細節效應是一項還有待今後研究的主題，但在此可以為我們的學習習慣先搖響警鈴。

為了讓學生更容易理解新的學習內容，使用生動的插圖、照片、影片等作為教學媒介，在教學現場十分常見。沒想到這種看似理所當然的學習習慣，卻會為工作記憶帶來不必要的負擔。**選用搶眼的視覺資訊，無法提升教學品質**。

因此，父母為孩子選擇教材時，也應特別留意這一點。身為父母，可能都會想買插圖、照片豐富一點的教材給孩子，但這樣卻不一定能夠提升孩子們的學習成效。還是需要適度配合孩子的興趣及理解程度，謹慎的選擇。

讀二十五分鐘，就休息五分鐘

星老師：接下來，延續工作記憶的話題。想要有效學習，休息是絕對必要的。許多研究結果都顯示，不只學習，在工作及運動上，定時休息是不可或缺的環節。甚至有知名的研究報告顯示，休息會影響法官的判決結果。

此外，近年的腦科學也開始研究，在毫無休息的情況下持續學習或執行某個工作，一般來說，工作記憶機能也遭受負面的影響。

加藤櫻：那要多久休息一次會比較好呢？

星老師：這點就因人而異了。不過，如果是小學年紀的孩子，**我建議保持學習二十五分鐘就休息五分鐘的節奏**。這種學習法來自料理用的番茄造型計時器，被稱作「番茄鐘工作法」（Pomodoro Technique），深受許多人喜愛與推崇。這種短時間的循環節奏也適用於學生或成人，不過也可以視學習習慣及能力，適度拉長循環的時間。重點是，選擇適合自己的節奏就可以了。

不過請記得，別把循環時間拉得太長了，**學習的時間最好控制在一小時到一個半小時之內**。

曾有研究試著分析美國某ＩＴ企業中，**表現好的績優員工**如何工作，結果發現他們的**平均工作時間是「工作五十二分鐘，休息十七分鐘」**的循環節奏。

麻省理工學院的研究也指出，作業時間控制在最多一個半小時，並且將休息時間設定在大約十五分鐘，比較能得出理想的結果。

整理相關的研究結果可以發現，**學習時間在三十分鐘到九十分鐘之間，最理想的循環模式為：三十分鐘的短循環，就休息五分鐘；一個小時以上的長循環，可將休息時間訂為十五分鐘。**

此外，也建議每三至四個小時，就休息一次較長的時間。例如，一般上班、上課的午休時間，或是在下午時段，自己安排三十分鐘到一個小時的休息。

而從過去的研究結果可以看出，能確實獲得休息效果的活動，是以下這幾個種類。

能確實放鬆休息的活動

活動身體：運動是大腦最棒的「營養補充品」。一天花大約三十分鐘做簡單的運動、流點汗，維持一週二至三次的運動頻率，可以達到促進腦部活化的效果。假如休息時間較短，花五分鐘在辦公室附近走走也可以。

閒聊：跟同事或朋友等了解你的人閒聊，可以達到放鬆和提振精神的效果，也能暫時分散集中在學習及工作上的注意力。

欣賞大自然：最新的腦科學研究指出，接觸大自然有助於恢復專注力。光是看著室內植物或眺望窗外，就有一定的效果。

影視娛樂：看電視或用手機看影片，能達到舒緩的效果。人類的大腦，已經進化到能夠察覺環境的變化，因此一看到新奇的事物，就會瞬間清醒過來。選擇動作片或色彩鮮豔的影像，尤其有效。

靜觀：冥想及呼吸法等靜觀技巧，即使休息時間較短也相當適用。包括壓力管理技巧等，可以從日常生活中就能用到的靜觀法開始嘗試。

星老師：如果有覺得適合自己的活動，可以在休息時間嘗試看看。

比方說，剛才第一堂課後的休息時間，各位邊聊天、邊用手機看影片對吧？那在科學上就是最好的一種休息方式了。

冷氣遙控，交給需要用腦的人

小出友希子：星老師，可以告訴我們，什麼樣的環境最適合學習嗎？

星老師：日常生活中，最容易影響我們學習專注度的，可能要算是周遭各式各樣的聲音。

在與聲音相關的研究中，特別值得注目的重點，在於聲音干擾與學習效果之間的關聯性。**假設環境中的聲音會導致學習效果降低，但其實，音量本身所產生的影響是比較小的。**

舉例來說，某天突然發現，周遭的噪音使人難以集中精神，就連戴耳塞也沒什麼效果，實在令人煩躁，各位有過類似的經驗嗎？這種情況沒辦法完全屏蔽聲音，只能盡量降低噪音的音量。

另一方面，即使聲音微小，但忽大忽小的不規則變化，反而很容易影響學習效果。例如，雖然不介意通風扇或冷氣的規則聲響，但如果隔壁房間的人突然講起電話，就算聲音很小，還是會讓人不禁感到煩躁。

由此可知，**「聲音的變化」比「音量」，更容易為學習帶來負面影響**。如果遇到這種情況，可以考慮使用白噪音（按：指在可聽到的聲音頻率範圍內，頻率保持一致的聲音，例如重複撥放的海浪聲、雨聲等），或是用其他聲音覆蓋讓人煩躁的噪音。有些人為了讓嬰兒容易入眠，而使用各式白噪音，其實也可以用於學習和助眠。

此外，**在空間較大的室內學習，也比較有效果。大型空間容易產生迴響，會讓大多數的噪音相互覆蓋、抵消，形成自然的白噪音**。還有，年紀較小的孩子比較容易受到聲音的干擾，進而影響學習效果，這點也請多多留意。

小出弘：室內的溫度也會有影響嗎？

當中。

星老師：跟聲音一樣，溫度與學習效率之間的關聯性，目前也都還在研究

我們知道，天氣太冷或太熱都會明顯降低學習效率，不過跟寒冷比起來，炎熱更容易讓學習效率低落。

此外，一項著名的相關研究結果是，與從事單純的作業相比，進行較複雜作業的時候，更容易受到周遭溫度的影響。

除了這些研究結果以外，也有相關報告指出，在不冷也不熱的適當溫度下，**依照學習者本身的偏好來安排室溫，更容易提升學習效果**。例如，怕熱的人就為他安排涼爽的環境，喜歡溫暖一點的人就將室溫調高，為學習者量身打造最適合的環境溫度。

所以，假如家裡常因為空調溫度設定的問題吵架，最好的方法就是把遙控器交給考生，或是希望他發揮腦力的人。

另外，房間的裝潢風格，也跟學習效果有一定程度的關聯。

在某項研究中，研究人員準備了兩間教室，一間裝飾得熱鬧繽紛，另一間

則風格簡約，接著他們設法追蹤、比較學生們在學習中視線的動向。

結果，熱鬧繽紛教室這一組，平均有二一%的上課時間，學生們的目光都在教室的裝潢上。另一方面，風格簡約的教室則只有三%。

而與學習內容有關的測驗成績上，在繽紛教室上課的學生，比在簡約教室上課的學生低了二〇至三〇%。

這是因為**華麗的裝潢使學生的注意力無法集中，加重工作記憶的負擔**。

不過，即使得出這樣的結果，也不代表學習的房間一定要裝潢簡約。不同的裝潢效果，或許能讓人適度放鬆心情，或是提升學習熱忱。

不妨藉著這門課的機會，重新檢視、規畫自己或孩子的學習環境，例如房間內裝飾的意義，以及是否能藉此提升學習成效等。

史丹佛實證最強學習法

- 工作記憶是將情節暫存在意識中，並進行整理與重組等作業的腦部機能。
- 工作記憶的容量較小，即使透過鍛鍊也無法擴增。
- 大腦不擅長處理「多工作業」，容易加重工作記憶的負擔。不習慣一邊聽講，一邊寫筆記的人要特別留心。
- 工作記憶的五大負擔：**新資訊**、**隨機性**、**組合**、**順序**、**選擇**。
- 工作記憶的活用法：**瀏覽整體內容**、**集中鑽研局部**、**確認關聯性**、**例外延後處理**、**活用多項機能**。
- 學習時，請當心「誘人細節效應」。
- 每工作或學習三十至九十分鐘，就要休息五至十五分鐘；每三至四個小時，就要休息三十分鐘至一個小時。
- 休息時，適合的活動有：**活動身體**、**閒聊**、**欣賞大自然**、**影視娛樂和靜觀**。

- 學習環境要保持安靜無聲很困難，不妨以其他聲音覆蓋、抵消周遭的噪音。此外，將室溫維持在自己感覺舒適的溫度。房間也要避免過度裝飾。

第三堂課

怎麼讓短期記憶，
變長期記憶？

星老師：上一堂課，我們探討如何活用工作記憶；這一堂，我們會把課程的焦點轉移到長期記憶上。也就是如何把所學習的東西，長期記憶在腦海中。

具體來說，接下來要介紹的學習法，就是學習科學中最受矚目的「retrieval practice」。

學習科學中，最受矚目的學習法

星老師：「retrieval practice」，中文稱作「提取練習」，聽起來很困難，但簡單來說，就是試著回憶之前學習過的東西。「retrieval」就是「提取」，找回曾經失去的記憶。

我們來實際練習看看吧。在第二堂課中，我們學到了「誘發性細節」。這是什麼意思呢？不能看剛才寫的筆記，只能靠自己的記憶去回想。

加藤櫻：「雖然能夠引起興趣，在學習的目標概念上，卻沒有必要的細節。」這樣反而容易降低學習效果。所以，就算使用生動的圖片，想讓知識牢記在腦海中，卻有可能造成反效果。

我這樣的解說可以嗎？

星老師：完全正確！附帶一提，在我提出這個問題之前，小櫻還沒有特別意識到「誘發性細節」的定義對吧？

加藤櫻：對，因為我很集中精神在聽老師上課。

星老師：也就是說，在第二堂課教完「誘發性細節」之後，小櫻的工作記憶也暫時離開了。然而，小櫻的腦海中已經記得所學的知識。當一被問到相關問題，記憶就自己甦醒過來了。

不是馬上從筆記本或教科書中去尋找答案，而是**用自己的頭腦去檢索相關的記憶。這就是最強學習法的基礎——提取**。

提取練習——不論年齡與學習能力，人人都能運用

星老師：提取練習已累積了百年以上的研究成果，被視為高效率的學習法。例如，在第一堂課中提到的測驗，非常有效果，就是因為測驗時，必須用自己的頭腦去回想學過的東西。這就是發揮提取的效果。

提取練習已經被證實，比其他學習法更具有明顯的成效。

比方說，學習之後，利用測驗來確認理解程度。不同研究指出，與反覆閱讀教科書或講義相比，測驗的記憶保留率會提升五〇％；若是以五個階段打分數，會從三提升到四，至少提升一個階段。

即使與其他學習法相比，最終的結果也都是一樣的。所以，在第三堂課，我想針對「提取練習」這個學習法做更具體的說明。

小出弘：原來如此，這樣重新想想，至今都沒意識到要用自己的頭腦來喚醒記憶，也就是利用提取的方式來複習。

上課時，一邊聽課，一邊看教科書，同時邊寫筆記，複習時也是重新閱讀教科書和筆記，我一路上都是這樣學習的。

但是，這樣的做法，只是依靠教科書和筆記來喚醒所學，而忽略了用自己的頭腦來挖掘記憶。

星老師：事實上，只有真正用自己頭腦回想起的記憶，才容易保留下來。至於為什麼提取對學習十分有效呢？在腦科學方面的根據非常明確。**提取的厲害之處，是不論年齡及實力，對所有年齡層的學習者都能發揮效果。**

不只記憶保存，每個人表現出來有效的方面也很廣泛，比方說，整理所學之事的「統整力」、思考其他相關問題的「應用力」等，提取練習都被證實是一個非常好的方法。

對學習者來說，積極運用提取要素來學習，就是最有效的捷徑。

不能「自我感覺良好」，無效學習只是浪費時間

星老師：不過，要先說明，複習自己所寫的筆記，並不是一件壞事。忘記學過的東西時，就必須利用教科書或筆記來複習。

如果只討論極短期記憶，也有數據結果顯示，比起使用提取的方式，**重新複習還是比較有效果**。所以說，**在考試前做最後確認時，適合重新複習教科書或筆記本**，要仰賴提取就太晚了。

另外，在複習筆記本和教科書時，不是只用眼睛讀取資訊，也是有人邊複習、邊積極的提取練習。

「詳細的筆記已經寫好了對吧？先試著回想一下其中的內容。」

「是這樣子的對吧？」

「好！再看看筆記，確認是否正確！」

用這樣的方式去重新複習，就已經是邊提取邊學習了。

小出友希子：聽老師這麼說，我們已經了解提取的重要性。但即使如此，感覺還是要把所有的筆記複習完，才會放心。就算不是考試前，慢慢複習應該也能看到整體的效果。

星老師：友希子點出了一個非常重要的觀點。就算已經知道提取的方式，還是覺得重新閱讀或複習的學習法，比較讓人放心。但實際上，很多人會有這樣的感覺：重新閱讀後，理解度好像沒有提升，學過的事情好像沒留下什麼印象。

很遺憾，**自己覺得有效果的方式，不一定就真的有效**。

不打開筆記本或教科書，追尋腦中的記憶、回想答案的方式，不僅枯燥，也很花時間，老實說相當辛苦。但另一方面，透過眼睛閱讀文字資訊，能感覺多少有點收穫。無論是重新閱讀或是複習，甚至只是抄寫教科書等，都讓我們容易陷入這樣的感覺。

但是，這並不意味著學習效果就真的提升了。正因為如此，我們才必須有意識的將提取練習加入學習法中。

像砂石車傾倒砂石，一口氣輸出學到的東西

星老師：接下來我會詳細說明，如何把提取的要素加入學習法。

首先，非常方便、在各種場合都有機會使用的，就屬「brain dump」了。「brain」就是「腦」、「dump」是「傾倒」的意思，因此會翻譯成「大腦傾存」。換句話說，**瞬間從腦海中回想起學到的東西，轉換成語言資訊大量輸出，這就是大腦傾存學習法**。像砂石車（dump truck）把砂石傾倒出來的樣子。

特別是寫成文字或唸出來，會更有效果。此外，如果能講解給其他人聽，會有更大的成效。關於和其他人的合作學習，我會在第五堂課時再詳細說明。

附帶一提，**大腦傾存時，沒想起來的事情也會停留在記憶中**。因此，在短時間內使用，可以獲得良好的效果。例如，習慣每次在課堂後回想三件所學的東西，就是一種有效的短期訓練。

假設背了十個單字，之後在短時間內回想起三個。雖然其他七個單字想不起來，但十個單字的記憶也會變得更容易留存在腦中。

筆記和教科書，只是輸出後的確認手段

星老師：在第二堂課提到，邊聽課邊寫筆記，會對工作記憶造成很大的負擔。那麼，該怎麼寫筆記，才不會造成工作記憶的負擔呢？

這就是具體應用大腦傾存的關鍵時刻了。

首先，依自己的步調安排學習，像是閱讀教科書、看課堂的影片或聽錄音等。**學習的循環訂為十至十五分鐘，每次的循環中，再用一至兩分鐘來練習極短時間輸出。**

具體方法像這樣：先集中注意力閱讀教科書和觀看上課內容後，利用一至兩分鐘的時間，把剛剛所學的東西寫成筆記。這裡需要注意的是，在閱讀教科書或上課時，不可以抄寫任何筆記。還有，筆記上的字體也沒必要要寫得很漂亮或整整齊齊。因為**重點在於「輸出」這個環節，把重點放在速度和內容上才是最重要的。**

如果覺得沒自信、無法順利想起來的部分，也把它寫在筆記內。

小出友希子：在學習比較困難的內容時，假如注意力無法集中十至十五分鐘，該怎麼辦呢？

星老師：當然可以根據學習內容，調整成更短的學習循環。因為每個人程度不一樣，可以依據自己的理解度和內容難易來調整，十至十五分鐘也只是一個大略的標準而已。例如，當你們夫妻在學習外語時，每學會兩、三個單字，就可以試試看極短時間輸出。

而在面對較複雜的科目時，可以把輸出時間稍微拉長，花五至十分鐘也沒問題。假如是以前學過的科目或擅長的領域，甚至可以直接將輸出時間延長到十五分鐘以上。

小出弘：寫下來的筆記，就這樣維持原樣嗎？

星老師：可以嘗試在當天學習的最後步驟，重新查看筆記，改寫成「摘要

筆記」。假如有必要的話，也可以再次閱讀教材。製作筆記的最主要目的，是為了之後能夠快速的複習重點。所以，文字沒必要寫得很漂亮，或是把所有的內容都寫下來，大部分的內容在教科書或教材都找得到。

因此，整理摘要筆記時，要寫得比教科書所記載的更簡潔，並把教材中沒有的內容，用自己的想法和評論寫下來吧。

加藤櫻：星老師，學校和補習班的課是禁止錄音的。沒辦法像老師所說，根據自己的學習狀況設定學習循環、練習極短時間輸出。有沒有其他的建議呢？

星老師：有些老師會細心安排課程節奏，考量到黑板上的書寫速度及時間，會留時間給學生寫筆記。假如是這種狀況，按照這樣的課堂流程去寫筆記就可以了。如果硬是要執行輸出，反而容易出現反效果。

只要在休息時間或下課時，花五至十分鐘慢慢練習輸出就好。

這時候的重點在於，不能看上課時寫的筆記，只能憑藉腦中的記憶來進行大腦傾存，這點在前面也曾提過。**翻閱筆記本和教科書，只能當作輸出後的確認手段。**

小出友希子：原來如此。但也不是所有的老師都這麼細心吧？

星老師：所以，不必勉強自己邊聽邊寫筆記。

如果你不是「同步筆記達人」，邊聽邊寫筆記反而會造成工作記憶負擔，變得無法理解上課內容。為了避免這樣的事發生，我會建議上課時，只在必要的情況下寫筆記，充分利用教科書和講義學習。

以學校和升學補習班來說，教科書和講義都詳細涵蓋課程的內容，老師解說的大部分內容都在文本中。因此，上課中最重要的是，把教科書或講義上重點部分標記好，然後寫上一些自己的評論。這樣就可以減輕工作記憶的負擔。

課堂結束後，再執行大腦傾存，確認上課時標記的內容及評論是否正確。

最有效的學習，就是講出來和寫下來

星老師：不論是在課堂學習，或自主學習，都能利用提取機能來複習。如果只是重複的看教科書或筆記的話，不會有效果，**而是該試著自己說明一次。最有效果的學習，就是講出來或是寫下來。**這樣做，就是透過提取機能來複習，而不僅僅是重新閱讀而已。

再者，為了更容易利用提取機能來複習，建議要在教科書或筆記等下點功夫。例如在教科書上用綠筆畫出重點部分，再用紅色墊板來複習被遮蓋的內容，是傳統的方法之一。或是利用「單字卡」，在卡片正面寫上單字或片語，反面寫上意思或說明，複習的時候只看正面，靠自己的記憶背出字的意思。

然而，不使用遮蓋墊板或單字卡等方式，其實只要在摘要筆記下點功夫，之後利用提取方式複習也會變得容易。

例如，在筆記中寫出重點標題，標題下方寫解釋。重新複習筆記時，不要只是讀過去，先看標題，並把解說的部分遮蓋起來，用自己的話解釋看看，然後再打開來看遮蓋的部分，確認是否正確。

像這樣子使用「摘要筆記」方式複習，學習效果與單純的閱讀筆記相比，會有明顯的差異。

如果還能搭配其他學習法一起學習，效果會更好。例如，利用提取機能複習專門用語，再利用「自我解釋」或「探究思考」，說明專門用語的意思，並更深入的思考為什麼會是這樣子。如此一來，提取的效果會更進一步提升。

自我測驗，學習效果更強

星老師：說到提取，最直接聯想的就是「測驗」。透過回答問題，可以達到高品質的提取。

加藤櫻：教科書或參考書上的練習題也可以嗎？

星老師：沒錯。如果教科書或參考書上有練習題，就積極的練習吧。但是，想利用寫練習題，把提取效果提升到最大值，有幾點需要注意。

從我們前面的討論可以知道，單純閱讀問題和解答是發揮不了效果的。**不要看解答，先用自己的頭腦解題。如果真的怎麼想都不明白的話，可以看完解答後，再挑戰一次。**

嘗試用自己的頭腦來解答是很重要的。只是一邊看解答，一邊抄寫在筆記本，不用期待有什麼學習效果。

如果說，看過解答後再挑戰一次，也答不出來的時候，就再看一次答案。以這種方式，反覆練習到你不用看解答，可以自己想出答案為止。

只要能夠做到這一點就暫停，隔天再練習同一題。

過段時間後再嘗試提取，記憶會更深刻。在適當的時間做複習稱為「間隔」，關於這點等一下我會再詳細的說明。

此外，犯錯是一件非常重要的事。**犯錯，其實是最有學習效果的時候。**關於這個，我們第四堂課再詳細說明吧。

練習題非常有效果，但是最厲害的是，自己設計題目，再進行「自我測驗」。無論是描述性問題或選擇題，試著利用摘要筆記中的重點標題設計題目。設計題目的過程中，你會仔細思考學到的東西，從而提升學習效果。

小出弘：原來如此，我非常想嘗試看看，但「自我測驗」感覺很困難。如果是我的話，我會以大重點為目標，並回顧整體內容，這樣的做法對嗎？

星老師：對，不要總是用同一種學習法學習，能依照個人喜好及學習當下的情況，搭配各種學習方式是很棒的習慣。請大家務必試試看！

比起今天整理，明天回想、輸出更重要！

星老師：還有一個簡單的提取方式，也可以試試看。

在每次上課或讀書前，先利用提取方式，複習上次所學的東西。例如，上課前一分鐘，回想起三項上次上課的重點，練習短時間大腦傾存。即便不是在上課前，一天中找出一段適當的時間，比方說起床後或午休時間回想重點，也是很好的。

在開始今天的學習前，一邊提取，一邊複習昨天的摘要筆記很重要。

當考試或檢定即將來臨時，往往會焦慮、容易分心。但是，所學的東西都未扎實牢記，還一直持續學習新的，最終就是花費大量時間學到的東西，都還沒理解，就像水中的泡沫一般快速消失了。

為了防止這樣的事發生，每天利用一小段時間回想重點，一一牢記學到的東西，再學習新的，才是最重要的。

小出弘：我在學生時期，會把當天所學的東西先整理到筆記本，打算之後再複習。當我再次閱讀自己的筆記時，會驚訝：「原來我寫了這麼多啊！」

但是，實際上利用那本筆記本複習多少東西，根本沒什麼印象。我想，我應該搞混整理筆記和學習的意思了。

星老師：確實如此。但這並不是說，製作摘要筆記沒有效果。如同剛才所說，搭配提取練習、輸出等方式一起學習就會有效果了。

但是，如果只是這樣就結束了，其實也有點浪費。**比起今天做總結整理，明天回想、輸出更重要！**

這句話的重點，就是「明天」。今天學習的東西，「明天」複習。也就是說，隔一段時間後再做提取練習。在學習科學中，稱為「spacing」，也就是「間隔」。這是剛才講到練習題時，提到可搭配學習的方式。

「短期強化！英文特訓」這種課程有用嗎？

星老師：不論是「回想」或「間隔」，都是很難利用科學驗證的感受，感覺很容易就被忽視掉。不過，關於間隔，到目前為止的研究中可以知道，對學習是非常有效的。

其實，這裡說的「間隔」，就是在第一堂課提到的十個學習法中的「間隔」學習法，與「測驗」並列為最有效果的方式。

小出友希子：但是，間隔一段時間的話，不就忘記學過的東西了嗎？感覺反而會造成反效果。

星老師：其實，這就是為什麼間隔學習會有效的根本原因。畢竟，不間隔一段時間、馬上回想學過的東西很容易，甚至不太需要動腦就可以完成了。但如果間隔一段時間後，再做提取練習，就會增加難度。

總之，刻意間隔一段剛剛好的時間，讓回想變成不太簡單但也不太困難的任務。如此一來，更能把所學的東西扎實記住，這就是間隔學習有效的祕密。

小出友希子：但是，不是常有升學補習班或英文教室，主打「短期強化！英文特訓」的課程嗎？短時間一口氣學習，難道不會更有效果嗎？

星老師：到底是「短期強化」還是「間隔學習」比較好呢？

在這邊跟大家介紹一個針對間隔學習設計、很有名的實驗。首先，讓學生們學習一門外語，期間要舉辦六次的複習課。

第一組學生是「短期強化」學習，複習課會在上課的同一天舉行；第二組和第三組學生，則是利用間隔方式學習，第二組在上課隔天舉辦複習課，第三組選在一個月後才上複習課。

就這樣，三組學生分別完成六次的複習課，三十天後接受測驗。最終結果顯示，第一組的平均分數最低。相較之下，第二組高出第一組約三〇％、第三組則高出約五〇％，呈現明顯的分數差距。

也就是說，**學習相同的課程內容時，間隔上複習課的組別，和一天內短期強化組相比，長期學習才是最有效果的。**

學習都是長期日積月累的。比方說，明天的期中考即使靠臨時抱佛腳撐過去，但幾個月後的期末考來臨時，期中考的東西早就都忘光了，這樣學習就沒意義了。

商業知識或技能也一樣，學了馬上就忘了的話，是成不了事的。

所以，活用間隔學習法，是很重要的。遇到考試時，可以搭配短期強化與長期學習，兩者相乘的效果也是很棒的。

數學科，特別推薦交錯學習法

星老師：剛才提到三組學生的實驗結果中，還有一件值得注意的事。大家應該都有注意到，間隔三十天的第三組，比起間隔一天的第二組，學習效果高很多吧。複習一樣的東西，間隔時間越長，記憶就會越扎實的留存。

實際上，也有研究報告指出，記憶留存的時間，會比間隔的時間長十倍。

所以，可以這樣利用間隔方式學習：今天學的新東西，明天複習，十天後再複習一次，再下次就是一百天以後，以此類推，慢慢延長間隔的時間，直到完全成為自己的東西為止。

小出友希子：明天就複習的話，到十天後的這段期間要做什麼呢？

星老師：這段時間，我們可以做一件事：不只集中複習同一主題，而是將各個主題混合後再排序學習，這種學習法稱作「交錯」（interleaving）。也就是在課堂一開始提到的十個學習法中的「交錯學習」。

比方說，其實不用徹底學會加法，才能學減法，只要加法學習到一個程度，就可以開始學習減法了；當減法也學到一個程度後，就試試看把加法和減法混合一起學習。這就是「交錯」學習法。

在學習科學中，交錯學習也是相當被重視的學習方式之一。特別是用在數學科的效果，已經是被認可的，其他領域的研究也持續進行中。

不過，有兩點需要特別注意，我在此先說明。

首先，比方說要學習數學科的微積分和歷史科的古文明，即便使用交錯方式學習，效果與分開學習一樣。**想要利用交錯方式提升學習效果，必須是同樣科目，或類型相似的東西**。此時，腦中可以清晰的整理出兩者的不同或相似處。因此，**完全不同類型的科目，不建議使用交錯學習**。

此外，如果還沒掌握到一個程度，就使用交錯學習法，也容易產生反效果。比方說，當加法或減法還尚未掌握到一定程度時，使用交錯學習法反而容易錯亂。只有分別掌握到某個程度後，再交錯學習才有效果。

學習法怎麼用？試試這第一招

星老師：到目前為止，介紹了依據提取機能的多種學習方法，如大腦傾存、自我測驗、摘要筆記等。此外，也講到間隔和交錯學習法。

雖然有很多種學習方法，但切勿將所有學習法都拿來用，這樣肯定會帶來壓力的，也有可能產生反效果。

我個人比較推薦先把「大腦傾存」納入學習中。習慣之後，再藉由做筆記練習提取，或加入間隔學習法。而自我測驗或交錯學習，可以等到習慣了前面建議的學習法，也負荷得了之後再加入。

那麼，也到這堂課的尾聲了，最後介紹如何完美結合提取技巧的閱讀術。

閱讀後，想記下學到的知識和新思維，或是想利用自學達成某些目標——為了有這樣需求的人，我將在這裡公開「學以致用的閱讀術」。

閱讀當天前要做的事

間隔和交錯：閱讀新內容前，先複習目前為止已看過的標題或段落，針對每個部分做簡單的回想和輸出。

評價：如果有「這邊感覺很重要，但是忘了內容」、「這部分覺得有點在意」等想法，要重新閱讀。

按文章段落閱讀

極短時間輸出：閱讀完一個小段落後，闔上書本，花一至兩分鐘練習輸出。只要腦海中浮現出「我剛才讀到了什麼？哪些部分是重要的？」的答案就可以了。當然，能寫下筆記或講出來最好。尤其是剛開始時，最好養成讀完一個章節後就利用提取機能來回想重點的習慣，像是「列出兩項重點」、「最有趣的是哪個部分」等。

劃線：閱讀時，一邊把重要的部分劃線或標記號。當然，只是劃線的話不會有學習效果，這麼做的優點在於，複習時較容易找到重點。

註釋：在書本空白處，寫上自己的想法。

閱讀完一個章節後

大腦傾存：閱讀完整個章節後，花五至十分鐘的時間輸出，迅速的把閱讀過程中，特別在意的部分寫下評價和想法。

當天讀完書後要做的事

極短時間輸出：重新複習今天所讀的章節或段落，一邊進行簡單的回想與輸出。

星老師：這裡所列出的時間分配，是以課堂（或書）的「段落」和「章節」長度作為舉例。由於每本書的文章段落、章節長度，還有內容難易度都不一樣，請依照自己的學習目的、學習習慣調整。

對了，再補充一句！其實在讀書前或讀書後，把某些事養成習慣的話，學習效果就會明顯提升。而「某些事」指的是什麼呢？我們休息一下，下一堂課再詳細介紹吧。不過，我可以先提示，關鍵字是「後設認知」（Meta-cognition）。

史丹佛實證最強學習法

- 提取：不看筆記本或教科書，只利用自己頭腦回憶所學的東西。
- 要注意，複習教科書或筆記本時，不能只有「看過了」的想法，應該要積極的使用提取方式複習，才會牢記。
- 大腦傾存：講出來或寫下來效果最好。不可以依賴筆記本或教科書，只能用頭腦回憶。特別要注重速度和內容量。
- 摘要筆記：讀到一個段落，或一整天讀完書時，利用極短時間輸出、製作摘要筆記。
- 上課中，無法按自己的步調，執行極短時間輸出時，可以在課程結束後，利用教科書或講義練習。
- 還可以利用遮蓋墊板、單字卡、遮住筆記重點等方法，進行提取練習。
- 運用提取機能時，搭配自我解釋、深究思考等學習法，效果倍增。

- 練習題有限。如果能自己設計問題，自我測驗效果更好。
- 開始學習前，先回想、複習前一天學到的內容。
- 隔一段時間再複習，學習效果會更好。例如，這次間隔一天複習，下次就間隔十天，以此類推，拉長時間間距。
- 間隔學習可以訓練長期記憶，考試前可再搭配短期強化。
- 掌握學習內容到一個程度後，利用交錯學習，讓記憶更扎實。
- 學習法怎麼用？閱讀段落時，執行極短時間輸出、劃線，並寫下想法；讀完一個章節後，寫下評論，執行大腦傾存。

第四堂課

後設認知：
自知無知的智慧

星老師：「認知」是指我們對事物的聽聞以及認識。而**「後設認知」是指一種更高層次的認知，也就是「認知中的認知」**。

在學習時，首先要對自己的長處和短處有「自我認知」。另外，也有關於學習法和學習態度相關的認知。知道學習法的訣竅是什麼、什麼時候用、怎麼使用等，也就是所謂「對學習法的認知」。

此外，制定目標和計畫、自我評價進度和達成度的「自我管理能力」，也被稱為是後設認知的一種。

就像這樣，後設認知有各種各樣的種類。

後設認知是近年來學習科學中最重要的話題之一。我們的學習效果牽涉到各種各樣的因素。**學習效果與學習者的才智和才能，相關比例約占一〇%，而後設認知能力則是占了一七%**。也就是說，相較於知性和才能，後設認知能力更掌控了學習效果。

因此，許多領域都已長時間累積關於對後設認知的研究。而許多研究成果都證明，透過加強後設認知能力，來提升應用及解決問題的能力等，會明顯提升學習效果。

成績表現越低，往往更容易自傲

長野翔太：也就是說，即使才智或才能比其他人差，只要提升後設認知能力就可以補救了嗎？

星老師：沒錯。而且，後設認知能力可以透過訓練來提升。因此，在最尖端的教育現場，後設認知成為教育的關鍵概念之一。

在第四堂課，我想談談關於後設認知的訓練方法，及必須有自覺的習慣。

首先，大家聽過「鄧寧—克魯格效應」（Dunning-Kruger effect）嗎？

它從一開始，就是和後設認知一起被研究出來的。

對自己能力的認知有誤，換句話說，就是對自己的後設認知不正確。如果不能正確的認識，現在自己理解到哪裡、擁有哪些技能，就無法有效學習，這是理所當然的。

不過，正因為相當難做到，才有這麼多研究。

像是我在第三堂課時提過，有的人只是反覆讀幾次筆記和教科書，就產生「已經網羅了全部重點」、「理解了整件事」的「成就感」，如此一來即使實際上的學習效果非常低，也可能讓人誤以為有學習效果。

也就是說，在**我們的學習習慣中，其實隱藏著會形成鄧寧—克魯格效應的陷阱**。

學習，會產生讓人快樂的多巴胺

加藤櫻：星老師，覺得自己「知道」和「做得到」，會有「好像不做也沒關係」的危險性；相反的，知道自己「不知道」，也會讓人產生「想知道」的想法吧？

星老師：是的，現今的腦科學也確認了，**有好奇心的話會使學習的效果更好**。接下來，就讓我說明一下。

首先，當我們感受到幸福和快樂時，大腦中被稱為「獎勵機制」的電路就會被啟動。你們聽過多巴胺（dopamine）這個詞嗎？當我們感到「好幸福」、「好舒服」的時候，腦內會分泌這個神經傳導物質，使獎勵機制活性化。

而現在，我們也知道，**當我們學習新事物的時候，其實獎勵機制也會被啟動**。確實，能理解不懂的東西、學會很難的技能時，會感到很開心、很輕鬆，這種感覺和「幸福」、「舒服」的成就感和快感，其實是一樣的。

我在第一堂課說過，學習能力是動物進化過程中，最佳的生存戰略。這是因為動物經常以學習為動機，進化大腦。

小出友希子：也就是，**對大腦來說「學習很舒服」**。這麼一想，就更想學習了。

星老師：多巴胺能活化獎勵機制，並啟動工作記憶，促進記憶扎根，在學習歷程中擔任十分重要的角色。而且，**多巴胺不僅是在學習新事物時才產生，光是抱持著期待學到新事物的心情，就會分泌。**

也就是說，**越是想知道、好奇心越強，多巴胺的分泌就越多，獎勵機制就越活躍**。並且，對新資訊的期待，是以「自己清楚自己不知道的事情」這一後設認知為前提。

接下來，讓我們實際演練一下吧。

有個叫土耳其的國家對吧？請問，它的首都在哪裡？不知道，或覺得自己好像知道但沒有自信的人，請舉手。

（長野、弘先生和友希子舉手。）

小出友希子：明明知道在哪裡的，卻又說不出來，好不甘心！

星老師：大家的好奇心正集中在土耳其的首都呢！被提問時，「不知道」這件事透過後設認知，好奇心就會湧現出來。

現在，大家的大腦中，多巴胺等級不斷提升，大腦正期待著「學習的快樂」。

那麼，小櫻，請告訴我答案。

加藤櫻：是「安卡拉」。不是「伊斯坦堡」。

星老師：正確答案！感謝妳連常見的錯誤都一併舉出來了。

從「不知道」的後設認知，到多巴胺大量噴發，最後得到答案。透過這一系列的流程，學習效果顯著提升了。

而另一方面，如果在「不知道土耳其的首都在哪裡」的後設認知不存在的狀態下（也就是「不知道自己不知道的狀態」），就得不到那個效果。

比如，在新聞中突然聽到「在土耳其的首都安卡拉……」之類的，是不會有因好奇心而產生的多巴胺效應。

「答錯了！」的衝擊，大腦更容易記得

小出弘：老師，如果相反的話，會是什麼樣的情況？與「不知道自己不知道」的狀態相反，是在「誤以為知道」的狀態下，自己出錯時重新知道正確答案的情況。

星老師：誤以為知道自己其實並不知道的事情，危險性就在於「因為覺得自己知道，所以不會去確認正確的答案」。

另一方面，覺得自己知道的事出現錯誤，就去確認一下答案或重新複習。也就是說，意識到自己知道的這件事，實際上是錯的。在這種情況下，**從「我一定知道！」變成「我搞錯了！」的時候，對大腦造成的衝擊，會使記憶更容易固定下來**。這個過程，也被稱為「過度矯正效應」（hypercorrection effect）。不只是修正，而且是「過度」的修正。

要不要試試看？讓我們繼續首都系列。請問，巴西的首都在哪裡？

這次請「知道」和「有自信」的人舉手。

（友希子和長野舉手。弘先生、小櫻正在沉思。）

小出弘：友希子，妳也稍微看一下情況吧。既然老師都提到了「過度矯正效應」，這題肯定不簡單吧。

小出友希子：我的回答可能是「覺得自己知道」，也許可以讓大家看看「過度矯正效應」的實例。

星老師：大家不用太緊張啦！那麼，長野、友希子，請回答吧。

長野翔太：是「聖保羅」吧？

小出友希子：正確的答案是「里約熱內盧」吧？

星老師：小櫻，妳覺得在哪裡？

加藤櫻：雖然覺得是「巴西利亞」，但因為前面出現了「過度矯正效應」的話題，以為是陷阱題，所以沒有自信舉手。

星老師：小櫻，答得好。正確答案就是「巴西利亞」。現在，我們可以說長野和友希子有「過度矯正效應」。雖然滿懷自信的回答，但是出錯了。不過，反而得到了學習效果，請樂觀看待吧！

這件事更是讓小櫻和弘先生占了好處。「也許是對的，但是沒有自信。」兩位都有這樣的後設認知，而在確認答案後，結果是正確的。

從「沒有自信的預測」得出「結果是正確的」，也和提升學習效果有關！

然而，不只「過度矯正效應」，在學習上「錯誤」也不可或缺。而且，事實上，**出錯才是獲得學習效果的最好機會**。這在近幾年的腦科學研究成果中，也被實證了。

長野翔太：那麼，考試成績越差，學習效果就越好嗎？

星老師：不完全如此。這裡的重點是「在出錯之前，是否有準備要好好回答問題」。

（A）理解問題，雖然說出自己的答案，但搞錯了。

（B）不理解問題，就胡亂猜測。哎呀！我果然錯了。

（A）和（B）明顯不同。能夠獲得學習效果的，當然是（A）。

試著找出答案，因為答案不正確而錯，和沒有回答或胡亂猜測的不得分，是完全不同的。

我們可以透過現代腦科學研究出的大腦學習機制來理解。

大腦透過觀察、聆聽等感知能力，認識周遭環境的同時，會建立「假設」。

比方說，小櫻在冰箱裡發現她最喜歡的霜淇淋。但現在沒有時間，所以想留在晚飯後吃，暫時忍耐一下。這時，小櫻看到冰箱裡的霜淇淋，就假設「霜淇淋到晚飯後，都還會在冰箱」。如果不這樣想的話，就不會覺得「現在沒有時間，忍耐一下，等等再吃吧」。

但是，大腦立的假設有時會有偏差。晚飯後，冰箱裡的霜淇淋可能會消失，也許被家裡某個人吃掉了，這類可憐的情況也是有可能發生的。

像這樣，大腦的假設發生錯誤時，為了下次能在相似的條件下，更準確的預測，大腦會產生變化。這時，就會觸發學習。

實際上，**如果大腦的預判錯誤被發現的話，獎勵機制會根據多巴胺的分泌而活化，神經系統也會適當更新**。這樣的大腦結構，會將「錯誤」轉變成學習的最佳機會。

先立下假設，而當大腦知道出錯時，會啟動獎勵機制，讓大腦能夠做好修正錯誤的「準備」。在這種狀態下，透過認知錯誤，理解正確的答案，可以得到最佳的學習效果。

了解你的大腦，大腦就會變好

星老師：此外，正向心態給身心帶來的驚喜效果，相關研究報告不斷被提出。比如，認為自己健康的人，壽命越長。如果把勞力工作當作鍛鍊的話，會對身體脂肪和血壓等產生好的影響。甚至有報告指出，光靠意象訓練（按：指在腦中演練操作過的訓練動作，為實際執行做好準備）就能提升肌力。

當然，學習也不例外。較廣泛流行的說法就是「思考模式」，其中「成長型思考模式」（growth mindset）和學習效果的關係，是非常受到矚目的研究領域。

小出友希子：「成長型思想模式」在《心態致勝》（*Mindset*）中有寫到，

作者和星老師一樣是史丹佛大學的學者。

星老師：是的，這本書的作者是卡蘿・杜維克（Carol S. Dweck）教授。她以世界上最具影響力的教育學者而聞名。

認為自己擁有的才能和能力是固定的，不會產生變化，這種自我意識是「固定型思考模式」（fixed mindset）。而另一方面，**認為才能和能力是根據努力和訓練而成長，這種思考模式則是「成長型思考模式」**。

擁有成長型思考模式的人，有著很強的忍耐力，成績和表現會不斷進步；而相對的，固定型思考模式的人，較容易放棄、缺乏上進心，成績和表現也容易保持不變。在一系列的「思考模式」研究中，已經證明了這一點。

加藤櫻：星老師剛才說的「出錯時才是獲得學習效果最大的機會」，就是成長型思考模式的一種嗎？

星老師：是的，關鍵就在那裡。

想要根據成長型思考模式來提升成績和表現的話，該怎麼做？有個簡單的方法，就是「學習腦科學」。

在今天課程中，有關「大腦的可塑性」和「錯誤的腦科學」等，學習到關於我們在學習時，腦內可能發生的反應。**每當我們學習新事物時，腦中的神經系統就會不斷變化**。此外，出錯時正是大腦最活躍的時候。也就是說，我們的能力是在不斷變化的。

經由獲取知識，大腦和自身潛能也會更加積極成長。而且，擁有這種意識，和成長型思考模式是緊密相連的。

此外，在杜維克教授的實驗中，**把學習過學習法的小組，和掌握腦科學的成長型思考模式小組相比，結果是後者的成績提升了**。雖然這門課的主題是「學習法」，但如果始終只注重技巧的話，還是不夠。學習了解自己的大腦，就會形成成長型思考模式。我們在學習上，與其只掌握學習技巧，不如從最根本取得好的學習效果。

鍛鍊後設認知，能提升學習效果

星老師：然而，除了透過腦科學來掌握成長型思考模式以外，還有藉由後設認知的實際訓練，來提升認知能力的方法。

有意識的鍛鍊後設認知技能，能大幅提升學習效果。因此，請大家一定要將這四種後設認知程序，引入你的學習習慣中。

四個後設認知程序

1. 學習前評估

關於即將要學習的主題，有哪些已經知道、哪些還是不知道的，花二至三分鐘記到筆記本上。預先了解自己知道和不知道的地方，就能發揮後設認知效果。

2. 大腦傾存＋後設認知

大腦傾存時，檢查自己的「自信度」。建議可以事先設定符號，比如「○」是有自信、「△」是沒什麼自信、「╳」是需要重新評估等。

學習之後，要做摘要筆記時，再把標記為「△」或「╳」的項目，拿來重新確認教科書和參考書中是怎麼說明的。像這樣重新審視自己的認知，可以提升學習效果。

3. 提取＋後設認知

寫練習題和自我測驗等，同樣以○、△、╳等符號來檢查自信度。

4. 學習日記

睡覺前，或一天學習的最後，寫學習日記。從以下五個方向開始，慢慢將焦點聚焦到其中兩、三點。每天花五至十分鐘左右，簡單寫也沒關係。

- 今天的學習前後，自己的知識和技能有什麼變化？

- 今天的學習目標達成了嗎？明天的計畫和目標怎麼擬定？
- 今天嘗試的學習方法怎麼樣？感覺有效果嗎？
- 關於自己擅長與不擅長的部分、強項與弱項等，有什麼感受？
- 回顧今天的學習，有沒有什麼需要改善的地方？如果有的話，下次該怎麼做？

星老師：這邊的重點是，不要覺得「反正學習日記就只是普通的日記」，一定要把它化為學習的習慣。因為最新的研究發現，寫學習日記對提升學習成效，有非常明顯的效果。

另外，研究中也得知，日記對人的身心健康有幫助。關於這件事，我會在第六堂課仔細說明。大家可以按照自己的方式，制定這裡所列舉出的「後設認知規畫」，如果能夠成為學習中的固定流程與習慣的話，學習成效肯定會提升。

雖說如此，也沒有必要一下子就把所有的事情都日常化。持續是很重要的。但不要勉強，從能力所及的範圍開始習慣吧。例如，如果完全是從零開始的話，先從「大腦傾存＋後設認知」開始，接著再到「複習＋後設認知」。最後再慢慢向「學習前評估」、「學習日記」前進。

另外，生活忙碌的人很難將學習日記日常化。如果你是這樣的人，可以減少頻率，不要勉強，在自己的生活步調範圍內進行即可。

此外，關於學習日記這一項，有希望大家能馬上嘗試的應用篇。特別推薦給經常參加考試的人。

這是被稱為「考後日記」的後設認知訓練。正如其名，就是一邊複習考過的題目，一邊寫日記。英語中被稱為「Exam wrapper」（Exam為考試、Wrapper為檢討的意思），因此稱作「檢討考試」。

因為運用後設認知技巧，這個方法被廣泛接受，因此相關研究也不斷累積，學習效果是有保證的。我從至今為止發表的相關論文中，將重點集中在五個方面介紹。

收到考試結果後，回頭檢視學習成果吧。
請針對以下五個問題，寫檢討日記。

1. 針對考試做了哪些準備？
2. 考試前有多少信心？你認為能通過嗎？
3. 實際結果如何？
4. 考試中犯了什麼錯？你認為是因為哪裡做錯了？
5. 下次考試的準備過程中，以及考試的時候，有哪些地方可以改善？該如何改善？

第二招，學習法再加上後設認知

星老師：在這堂課最後的時間，介紹一下剛才約定好要講的最強讀書術。

在第三堂課的最後，介紹了「提取機能」在讀書術上的應用。而在提取學習的基礎上，結合後設認知的要素，就是最強的讀書術。

我在上述的提取學習法中，加入閱讀前評估和閱讀後日記，並提出方法，讓學習者在閱讀時，意識到內容有自己搞不懂的地方，但也能繼續讀下去。整理出新的學習方法如下：

閱讀前，要做的事情

標題評估：先瀏覽目錄頁的所有標題。一邊想像裡面內容寫什麼，一邊在每一章和各小節標題，註記「有興趣」、「感覺有點難」等預想標記。例如「有興趣」標上★、「感覺有點難」使用◎等，或用簡單詞彙標示。

閱讀前評估：在標題評估之後，帶著期待的心，寫出自己現在知道的有哪些、不知道的有哪些，以及透過這本書能學到什麼。

閱讀後，要在閱讀當天範圍之前做的準備

間隔和交錯：每次閱讀新的部分之前，一邊看著之前讀過的章節標題，一邊大略輸出各個部分的內容。

評論：如果有「我覺得很重要，但是內容忘記了」、「總覺得這裡需要留意」等地方，請重新閱讀一遍。

閱讀前評估：看著當天要讀的範圍，大致想像一下各個章節裡寫了什麼。讀過之後，如果產生與最初「標題評估」不同的想像和感想，舊的東西維持原樣留下，再寫上新的東西。

按照章節進行準備

極短時間輸出：讀完一個部分後，首先把書闔上，進行一至兩分鐘的極

短時間輸出。只要腦海中能簡單浮現學到什麼、覺得什麼重要就足夠了。但如果能寫在筆記上更好。特別是在剛開始練習時，每讀完一部分，就練習提取，像是「列舉兩個最重要的部分」、「最有趣的地方是哪裡」等，以養成習慣。

劃線：在讀書的同時，一邊在認為重要的地方劃線、標記，使其醒目。光是劃線的話，學習效果是不會提高的，但是這麼做，之後會比較容易發現想重讀的地方。

註釋：在空白處，寫上自己的想法。

每讀完一章，都要做這件事

大腦傾存：花五至十分鐘，輸出該章讀到的內容。如果有覺得重要的地方，立刻寫下註釋。

每天閱讀後，要馬上做的事情

極短時間輸出：看著今天讀到的章節標題，簡單的輸出其內容。

讀書後的建議：一邊看著當天閱讀範圍的標題，一邊回顧閱讀前評估，記下自己學了什麼、有什麼感想等。

讀完一本書後，要做的事情

讀書後檢討：檢視你的閱讀前評估，讀書前是怎麼想的，以及預測中的、沒預測到的、學了什麼等，以此為焦點，最後寫日記。

長野翔太：假如是像我這樣從零開始的人，該怎麼辦才好呢？

星老師：首先，不要勉強。一開始就想全部照做的話，是很難持續的。我推薦先從上一堂課講到的，透過大腦傾存和提取練習的「學以致用閱讀術」開始掌握，然後再加入後設認知會比較好。此外，在養成習慣之前，可以省略「按照章節進行準備」和「每讀完一章，都要做這件事」這兩個部分。

透過提取練習和後設認知，每個人都能掌握讀書的方法。

史丹佛實證最強學習法

- 後設認知：關於認知的認知。
  - ○自我認知：「知道自己不知道」，與自己認知相關的認知。
  - ○學習法認知：關於各個學習法的認知，包括「何時、如何、為何」使用等。
  - ○自我管理：目標、計畫、評估等（第六堂課會詳細解說）。
- 後設認知對於學習效果的影響，是知性和才能的兩倍。
- 「提起幹勁」的學習方法中，要注意不要過於自信。
- 學習會分泌快樂物質。預期學習的話，多巴胺能提升學習效果。
- 過度矯正效果：注意到錯誤，可以提高學習效果。
- 對大腦來說，學習就是針對「錯誤」修正。
- 學習腦科學，可以掌握成長的意識，提高學習效果。

●後設認知流程：學習前評估、大腦傾存＋後設認知、提取＋後設認知、學習日記。如果是初學者，可以先從「大腦傾存＋後設認知」和「提取＋後設認知」開始練習。

●考後日記（檢討考試）獨具功效。

●最強學習法是從提取學習法開始，再加入後設認知的相關要素。

●透過後設認知，加強「學以致用的閱讀法」。

○開始閱讀前：標題評估、閱讀前評估。

○按章節內容，進行極短時間輸出、劃線、註釋。

○讀完每個章節後：大腦傾存、評論。

○閱讀後，寫讀後日記。

●先掌握上一堂課提到的「學以致用閱讀術」之後，再加入後設認知來學習。養成習慣之前，可以先省略「按照章節進行準備」、「每讀完一章，都要做這件事」兩個環節。

第五堂課

比起競爭，
大腦更喜歡與人合作

星老師：終於來到第五堂課了！這門課也即將進入最後的階段。

小出友希子：老師，因為和大家組成一個團隊，讓我更加有幹勁了呢！就連午餐也是大家聚在一塊吃飯。這堂課，我們要做什麼呢？

星老師：其實，方才友希子所提到的，正是我們第五堂課的主題。

小出弘：是指「團隊」這件事嗎？「人類是天生社會性的動物。」我記得好像是出自亞里斯多德的名言吧？

星老師：沒錯，正是如此。人類大腦的構造，是為了激發動機，進而產生社會行為而組成。從這個意義上來說，人類的大腦又被稱為「社會腦」（social brain）。在第五堂課，我們將會探討如何活用人類大腦特徵的學習法。不只是局限在小組學習，同時還會說明一個人也能活用社會腦的方法。

長野翔太：人類真的是很厲害的動物呢！不僅要學習、思考，還要跟其他人相處融洽，腦子當然會變成動物之中尺寸最大的啊！

星老師：如果只論尺寸的話，人類的大腦並不是最大的。像是鯨魚的腦，就比人類的腦還大。但是，以大腦占整個身體的比例來看，人類的確是動物界中，比例最大的。

那麼，究竟為什麼人的大腦會變得如此巨大呢？

正如長野所說，人類可以做到各種各樣的事情，因此，大腦也得隨之發展應對。而在這之中，人類的社交能力，似乎和大腦尺寸有密切關係。

以猴子成群結隊的性質為例，當一同行動的群體規模越大的話，相對來說，牠們大腦占身體的比例也就越大。

成為群體之後，如果跟其他個體相處得宜，自然而然就能在淘汰賽中占優勢。而另一方面，群體的規模越大，同伴越多，要在群體中與大家相處融洽，就要具備高水平的社交能力。因此，才需要發達的大腦。

也就是說，**人類的大腦之所以「大」，就是為了要和大家相處融洽**。以此想法為根基，進而衍伸出「社會腦假說」（social brain hypothesis）。

到第四堂課為止，我們已經談到人的大腦為了能學習新事物，而會不斷進化。再加上社會腦假說，我們可以說人類大腦的構造，是為了更有效的與群體一起學習而組成的。

合作＋學習，刺激多巴胺大量分泌

加藤櫻：先前提到過，學習新事物時會分泌快樂物質——多巴胺，活化大腦的獎勵機制，這邊也是相同的道理嗎？

星老師：正是如此！當我們與他人交談，或透過與人合作來達成某些目標，也就是廣義上來說，**人們期望相互合作的時候，便會分泌多巴胺，活化大腦的獎勵機制**。對我們的大腦來說，**與他人合作，就如同學習一樣「快樂」**。

即使只是期望與某人合作，就會分泌多巴胺。例如，人們會產生「渴望與現在眼前的對象交談」的這種想法，正是大腦所發揮的作用。而且，不僅如此，當你從合作夥伴那裡獲得成就感時，多巴胺又會再次出現！這個意思是，互相合作會吸引更多的合作，多巴胺就會開始無限循環的分泌。

除了前面所提到的內容以外，目前已經證實多巴胺和學習效果的關係密切，有助於提高記憶力。也就是說，從腦科學的角度來看，團隊合作與討論，都是具有極佳學習效果的學習法。

看到別人快樂，大腦會讓你也快樂

星老師：此外，當我們與他人合作，如果看到對方心情變得愉悅時，自己也會感到開心。此時，正是你的大腦在「複製」對方大腦的狀態。

將這件事化為可能，就是由於大腦中「鏡像神經元」（mirror neuron）的作用。正如字面所示，這種神經元就像鏡子一般，映照出他人腦中所產生的變化。

小出弘：當我們看到他人感受到「疼痛」的場景時，也會隨之啟動自己體內負責感受「疼痛」的腦細胞。是這樣對嗎？

星老師：是的，當看到別人感受到痛楚時，自己的大腦也會感受到那份疼痛，這就是鏡像神經元作用的結果。有研究證明，不僅是肉體上的疼痛，還有對方的各種感知和情緒，例如心理層面的回饋、同理心或創傷等，都會透過鏡像神經元複製到自己身上。

長野翔太：我曾經認為，人絕對不可能理解他人的感受。但從腦科學的角度來看，反而人是能完全複製別人的感受。

星老師：當然沒有到「完全複製」的程度，不過，也不全然只是靠想像而已。**在我們的大腦中，被稱作是「鏡像神經元系統」的神經網路，可以幫助我們理解比較簡單的情感反應，例如自己和他人在喜悅、痛楚等方面的情感與知覺。**

小出友希子：有些人總是會注意到非常細微的地方，甚至還有人能夠看透對方細微的感受和想法，不知道這是否也是鏡像神經元的能力呢？

星老師：這種處理更高階的情感和思想是「心智化網路」（mentalizing network）的能力。透過心智化網路，我們能理解他人行為背後所隱藏的複雜情緒和思想，或是反其道而行，透過對方的感受來預測其行動。

加藤櫻：如果是回顧自己的心情時，會如何運作呢？比如，與某人爭吵過後會感到疑惑，自己為何會做出那種事情呢？好像連自己都不認識自己了。這時，就會開始回顧當時自身的心情和想法。請問這是青春期特有的現象嗎？

星老師：不，這現象並不限於青春期。

每個人都會在日常生活中，回顧自己的心情和想法，像我也經常會反思自己的作為。

在這種時候，我們的大腦也在發揮心智化的能力。待會，我們會再深入探討關於回顧自身的想法和感受的話題，這邊的關鍵詞就是「要了解自己，得先理解他人」。

我們的日常生活中，充滿溝通及合作等社交行為。在這些行為中，我們能夠自然的與他人感受產生共鳴，並掌握對方的想法，進而採取行動，正是多虧方才所提到的鏡像神經元系統和心智化網路的幫助。

交朋友、談戀愛，其實不會影響學習

星老師：剛剛從小櫻的口中，聽到了「青春期」這個關鍵字。青春期是人類社會腦最發達的時期，鏡像神經元系統和心智化網路都十分活躍。

這就是為何學校充滿著人際關係、戀愛、成功和挫折，以及各種社交和情感方面的學習機會。

然而，**近年來的研究中，顯示心智化網路與工作記憶之間，存在著競爭關**

係。當人在思考他人的感受，或參與社交活動時，心智化網路會被活化，但同時會削弱掌管計算和邏輯思維的工作記憶。反之，當工作記憶處於活躍狀態時，則會抑制心智化網路的能力。

小出弘：這可是一個很嚴重的問題呢！明明大家是為了學習，而聚集在學校；但聚在一起的話，反而又會干擾到學習的成效……。

星老師：以班級為基礎單位，教育多名學生同時學習相同的東西，是學校成立的初心。這是在人類歷史上已延續兩千多年的學校教育，最核心的宗旨。

不過，像這種「和朋友玩耍過後，必須趕快轉換心情，專心在課業上」的情況，使得社交和學習被視為矛盾的場景也不少。

而且，在以考試為主的現代教育中，學生必須學習的知識和技能跟山一樣高，還橫跨不同的領域。在這樣的環境下，學生能夠和同學互動，以及團體活動的機會就越來越少。

小出友希子：不過，從某種意義上來說，這也是滿合理的。如此一來，可以讓孩子們專注於學習，而不被周圍的人分心。

星老師：確實，我們可以很自然的，把它歸論為心智化與工作記憶相互競爭下所形成的結果。但是，近年來的腦科學研究中指出，當人聚精會神在學業上時，如果能適時使用社會腦，反而會促進學習成效。也就是說，只能在心智化功能和工作記憶之間選擇的想法，已經過時了呢！

讓我們同時活用兩者的優勢，運用大腦的所有功能來提升學習成效吧！

光是「想像」與他人互動，就能提升記憶力

星老師：那麼，我們究竟要如何運用社會腦來學習呢？其實，任何涉及到與他人雙向交流的學習法，都是有效果的，也已經透過各種方式得到科學證實。

而且，**就算你沒有與他人進行實際互動也沒關係。只要在學習時，在腦海**

中浮現出其他人，或想像與他人互動，都可以提升學習成效。

小出友希子：確實，閱讀小說的過程中，如果一邊想像故事中的角色，更有助於理解故事的內容。尤其是在閱讀世界史作品和外國小說時，倘若出現一長串翻譯名稱，在閱讀中很容易分不清楚誰是誰，但只要想像出具體的人物形象，就很容易理解。

星老師：正是如此。這裡提及的內容，其實和第一堂課我們提到的**具現化**學習法有關。**只要你把所學的內容，以具體形象呈現，就能提升學習成效。如果想像出的形象剛好是人物，效果會更好**。這便是完美活用人類社會腦的學習法。

但是，倘若學習的是抽象概念或複雜公式的話，則無法想像到合適的形象。應該說，這種情況下較難以想像。因此，如果想嘗試這種學習法，要選擇合適的時機。

加藤櫻：就算不是實際互動，僅僅只是透過假想互動，也能提升效果。從腦科學的角度來看，是否就如老師您剛剛所說，因為相互合作，進而分泌多巴胺，活化大腦的獎勵機制呢？

星老師：沒錯，這也被認為是主要原因之一。相互合作促進多巴胺的分泌，因而活化大腦的獎勵機制，這會讓人產生與他人合作的動機。也就是說，我們可以透過團體合作、與其他學生交流等，來激發學習動機。

另外，剛才也提到多巴胺能提高記憶力，對吧？換句話說，就是「合作的愉悅」有助於大腦學習。

不僅如此，已有研究顯示，學習時與他人交流，或想像他人的存在，雖然會使用到心智化網路，但同時也能夠提高記憶力。

直到現在，人們還是普遍認為，當大腦要記憶某件事物時，不管是以何種方式記憶，全都是使用同一種大腦功能。因此，當我們實際與他人互動，或是想像與他人互動時，這種記憶反而是較為特別的。

不管是實際與他人的互動，或僅限於想像之中，只要活化心智化網路，記憶都能比一般記憶方式更加牢固。

因此，我們可得知，**與他人互動，比起單純死記某件事物，更容易留下印象**。反之，也可以說與周遭毫無互動的學習，沒有充分發揮大腦的潛在能力。因此，讓我們在學習中融入與他人的互動，使大腦更加活躍吧！

教別人，自己更受益

星老師：有一種可以靈活運用社會腦的傳統學習法，那就是「同儕學習」（peer learning）。所謂的同儕學習，意指學習中的同儕們，藉由互相教導彼此，來提高學習成效的一種學習法。

我們常聽到「教學相長」，教導他人自己學到的東西，從而加深自身理解，正是我們現在所講的同儕學習。

小出友希子：真要說起來，我應該是都被教導的那一方，總是受益匪淺！從以前開始，我就一直向資優生朋友請教各種事情，總覺得不太好意思。

星老師：或許妳確實有獲得好處，但真正「受益」的人，可能是妳那位資優生朋友。

我之所以會這麼說，是因為有研究證明，**同儕學習會使教導的一方，獲得更佳的學習成效**。

當然，受教導的那方也有成效。透過社會腦與其他人交流，不論是教的人或學的人，雙方都有學習成效。

但是，就如同友希子所說，教的那一方要將已經理解的事物，教給不懂的人，必須花上不少時間跟精力，總給人一種吃虧的印象，但是，實際上的學習效果是教導方比較高。

想像自己教別人，也很有效

星老師：話說回來，確實同儕學習頗有效果，但需要有對象，還必須學習相同的主題，達成的難度稍微有些高呢！有沒有其他能發揮出社會腦之力、更簡單的學習法呢？

在此我想介紹名為「假想學習」的學習法。如同字面所示，是一種**想像自己在教導某人的學習方法**。這個學習法，我推薦與第三堂課所學的「大腦傾存」一起運用。如此一來，可以同時活用兩種大腦功能，也就是提取記憶，和透過合作來促使大腦分泌多巴胺。

在這裡運用大腦傾存時，需要決定一個主題，並試著想像自己在教導某人。請想像一位認識的人，或容易想像的特定人士。家人、朋友或喜歡的藝人之類的都可以。然後，抱持想要教對方的心態，在心中試著說明你所選擇的主題。如果可以寫在紙上，或是能講出來，效果會更好。

加藤櫻：在進行假想學習的時候，可以設定一位以上的對象嗎？

星老師：如果有餘力的話當然可以，甚至也可以設定一個以上的主題。此外，之前也說過，當我們在輸出曾經學過的知識時，可能會連同當下想不起來的事物也記起來。因此，即便在進行假想學習時，沒有把所有事物都講出來，其實也會有學習成效。

小出友希子：假想學習後，也可以實際教別人試看看嗎？

星老師：可以的，甚至如果能那樣做的話更好。假想學習，其實就是同儕學習的簡易版。下課後，跟家人說當天在學校學到的事物，其實不只是許多人從小養成的習慣，從腦科學的角度來看，對學習也很有幫助。

了解自己之前，得先理解他人

星老師：稍微轉換視角，來談談關於心智化與後設認知之間的關係吧。心智化是指，想要理解人類複雜的情感與想法的大腦功能。所以，也可以稱作「認知對某人的認知」。**人在思考自己的感受或想法時，心智化網路會開始活躍起來**。也就是說，後設認知——對自我認知的相關認知——和心智化網路有著密切的關係。

加藤櫻：老師之前提過，後設認知的學習效果，是智商的兩倍。那是不是代表，只要提升心智化能力，就能連帶提升學習成效呢？

星老師：妳說的沒錯。這樣的話，我們該如何鍛鍊比較恰當呢？首先，我們必須活用第四堂課所提及的「後設認知程序」。當我們能積極面對自我認知時，便有助於鍛鍊後設認知能力，如果再加上與他人合作，會事半功倍。

小出友希子：怎麼覺得好像似是而非呢？要鍛鍊自己「對認知的認知」之前，得先跟他人學習比較好嗎？

雖然俗話說：「以人為鏡，可以明得失。」但自己的感受或問題，只有自己最清楚吧。自己內心究竟怎麼想，應該要靠自己去思考。

星老師：是的，有時候自己的感受只有自己最清楚，這也是事實。不過，另外一個事實是，我們不見得會如自己所想的那般了解自己。其中一個例子，就是前面提過「自信過頭」的問題。

有關「自信過頭」這點，曾有過這樣的實驗。研究人員準備了兩種不同口味的果醬，讓實驗對象試吃，並請他們從中選取偏好的口味。接著讓實驗對象再次試吃味道，同時詢問他們為什麼選擇了這個口味。

不過，第二次試吃其實暗藏祕密！這次，在實驗對象不知情的情況下，讓他們試吃了之前自己沒有選擇的果醬。實驗結果顯示，竟然有七〇％的人完全沒有察覺到果醬被替換掉了。

不僅如此，參與實驗的人們不但從頭到尾都不知道第二次試吃的果醬，與第一次的口味完全不同，甚至還回答出「因為這個果醬比較甜」這種與第一次選擇時相同的理由。但其實，壓根就是完全不同口味的果醬。

換句話說，為什麼人們會根據當下的想法做出決定，是因為人會在無意識的情況下，堅信那些「被憑空捏造」的事物。

雖然是個有點故意刁難的實驗，但這代表我們對自我理解的後設認知，其實是不堪一擊的。

我們可以這樣理解：由於對「我為何會選擇那個果醬？」的後設認知十分曖昧，因此在最後，為圖方便而試圖正當化自己的選擇。

人經常有不如自己想像般了解自己的情況，這件事可能也沒必要參考研究結果，我們自己都知道。

而與此相反的是，他人對自己的認知，似乎比本人更精確。

例如，我們的行為會受到廣告或新聞等的外在影響，對吧？有研究指出，我們明明非常擅長判斷特定廣告或新聞對他人的影響，但當相同東西落到自己身上的時候，評判卻很容易失準。

明明可以冷靜觀察他人的狀況，以及對其身心的影響，但回到自己的身上時，卻會過於自信，以為能夠馬上掌握自己的想法，結果輕忽了自己實際採取的行動。

像這樣一系列的研究結果顯示，**與他人交流是最好的心智化訓練**。依據對方的話語或舉止，理解對方內心想法，並針對對方的感受，思索自己想表達的內容。然後，在這個過程中，將對方的感受或想法加入考量，思考最佳的表達方式。在這一來一往間，心智化功能可是全速運轉中。

接著，回頭反思自己內心的想法，並且再次摸索對方的感受。這麼一來，就能提升心智化能力。

實際上，近年來的心理學研究，也正證實了透過溝通，能夠提升心智化能力和後設認知能力。

比起競爭，你的大腦更喜歡與人合作

加藤櫻：話說回來，學校總是看重偏差值和名次等成績相關的東西。那麼，依照成績來跟對手一較高下，效果會更好嗎？

星老師：想要拿到超過其他學生的分數、取得較高偏差值及排名，為此只能埋首苦讀。像這樣，與周遭競爭對手的比較之下，激發出學習動力是常有的事。這個現象不僅限於日本的升學競爭。

但另一方面，也有透過自發性學會新的知識或技能，激發自己動機的方式。比方說，微積分好像很難，但我想要學會，因此試著解開試題。想習得微積分的動力，並非是想要和其他學生拉大差距，而是出於純粹的求知欲。

透過比較來激發動機，以及透過習得來激發動機，你們認為哪一種的學習動機比較強呢？

實際上，有些關於比較或自發學習兩者，哪個動機比較強的研究。這邊我介紹其中一個。

實驗中，將學生們分成兩組，讓他們分別解題。而在各組解題之前，分別向他們說明以下目標：

向第一組說明：這次的練習，是為了讓他們學到新的能力（激發「習得」的動機）。

向第二組說明：這次的練習，是為了和其他學生比較學習進度（激發「比較」的動機）。

之後，在他們解題完成後，立刻進行臨時小考。發生了什麼事呢？第二組（目的為比較）的分數高過第一組（目的為習得）的分數！

但是，這個實驗仍有後續。

請他們解完問題的一週後，再次對他們進行考試。結果，這次是第一組的分數超過了第二組。

也就是說，以習得為目標來激發動力的話，可以讓學習的內容更牢記在腦海中。僅憑與周圍的人互相比較來支撐學習動力的話，學習成效是無法持久的。

除此之外，如果把學習動機和考試成績、排名掛勾的話，長久下來還會對身心產生負面影響。

這不僅適用於學習，在工作方面也是如此。從長遠來看，以外在環境的誘因（如獲得金錢、地位等）作為工作動機，會逐漸侵蝕心靈與健康。第六堂課時，我會再帶領各位一同深入探討「動機」。

那麼，現在回到小櫻的問題，我們可以理解為「與同儕合作或競爭，何者對學習更有利呢？」近年來，腦科學已經為我們提供了答案。

無論是合作還是競爭，兩者皆會充分活用大腦的心智化網路，且都需要認真領會對方的感受和想法。另一方面，合作已被證實能夠更有效活化大腦的獎勵機制，而競爭則是能夠活化大腦的推理功能。也就是說，**相互合作更能讓大腦感到舒適！**

從長遠來看，**比起競爭，合作顯然更能保持較高的績效和動力**。

史丹佛實證最強學習法

- 人的大腦是社會腦。為了和他人相互合作，我們擁有一顆很大的腦袋。
- 合作學習能夠分泌多巴胺、活化大腦的獎勵機制。
- 即使只是期望與他人合作，也有效果。相互合作會吸引更多合作，進一步提升學習成效。
- 鏡像神經元和心智化網路是社會腦的關鍵。能夠映照出對方的感受、體諒對方的心情。
- 心智化功能和工作記憶不太合拍，但我們能同時活用兩者的優勢。
- 透過同儕學習法，可以開拓心智的視野，提升學習成效。
- 透過具現化來學習時，如果能假想與其他人交流，更可以提升記憶力。
- 教導他人，比被教導的學習效果來得好。
- 大腦傾存和心智化的組合技「想像學習」，在自主學習方面很有成效。

- 鍛鍊心智化技能，就能提升後設認知能力。
- 過度與人比較，無法長久保持良好的學習熱忱和效果。
- 比起與他人競爭，大腦更適合相互合作。

第六堂課

燃起內心動機，才能持續學習

星老師：想要持續學習，幹勁和毅力都很重要。接下來，我們來了解學習動機吧。

自二十世紀末以來，心理學理論中的「自我決定論」開始盛行，其中提出人心有三大基本欲望，而這些需求讓人們產生動力。你們認為是哪三大欲望呢？

動機來源：人的三大基本欲望

星老師：人類的第一個基本欲望，正是與人聯繫的欲望，稱為「歸屬感」（relatedness）。**「成為某人的力量」或「與他人相互合作」的歸屬感，將會催生人的動力。**

尤其是在「與他人相互合作」或「期望與他人合作」時，更能活化大腦的獎勵機制。

接下來是學習，就是學到某種知識，並獲得某種新技能。這種「我能做到！」的感覺，正是人心三大欲望的第二大要素「勝任感」（competency）。

「我解決這個難題了！」或是「我完成這張拼圖了！」當我們解決了原先不明白的事情，或渴望解決問題，這種感覺就是動機的根源。我們先前也聊過了學習、多巴胺和獎勵機制等話題，對「勝任感」的渴望，也是我們大腦機制中的一部分。

那麼，繼「歸屬感」和「勝任感」之後，各位認為，人心欲望的第三大要素會是什麼呢？

打個比方，**當你被強迫做某件事情時，就會提不起勁**。「我想做自己想做的事情！」這種從心底湧出的想法，會讓我們感受到自主性或自發性。這也就是人心三大欲望的最後一個——「自主感」（autonomy）。

如同「歸屬感」或「勝任感」，「自主感」是人類基本欲望之一，也奠定了腦科學的基礎。**人能感受到自己是主動去做某件事，正是動力的根源所在**。

這邊所談到的「自主感」，意指「自發性」或「自主性」，但並不意味著「自私自利」或「不受任何限制的自由」。

人們保持自主性與他人協調合作，保持自發性遵守規則。換言之，**自主**

性、自發性，和自由、自私自利是截然不同的概念。請各位務必區分並理解兩者的差異。

自主性、自發性，和「獨立性」也是完全不同的概念。人並不會因為具有自主性或自發性，就不需要身邊的人。

假如是自發性借助他人的力量，或與他人協力達成自己想做的事，那也算是達成自主性了。

獎勵，反而會降低動力

星老師：與「脅迫感」、「自主感」極為相似的用詞，就是「外在動機」與「內在動機」。

如果對某些行動具備「內在動機」，就表示自己對於實行那項行動本身，抱持著一定程度的自願動機。相反的，「外在動機」則是以實行所能獲得的金錢、地位等報酬為動機，或是其動機是為規避罰則。

也就是說，**內在動機指的是，即使這件事沒有任何報酬或罰則，當事人也會認為「有行動的價值」；外在動機則是將「獲得獎勵」或「逃避罰則」視作動機及價值。**

小出弘：像是解魔術方塊時，會覺得很快樂。這就屬於內在動機吧？

星老師：沒有錯。畢竟解完方塊又沒有零用錢可拿，可能還會因為長時間沉迷，被爸媽或老師責罵。解魔術方塊的行為，跟是否有上述報酬或懲罰無關，就只是想玩。

相反的，「因為有零用錢拿」或「因為會被罵」，就屬於外在動機。由於是以拿錢或逃避處罰為主要動機，也就等於被這些報酬或罰則給「控制」、「脅迫」了。

長野翔太：我為了找到新工作，打算克服自己並不擅長的學習，這樣應該是屬於外在動機吧？要是沒有想賺錢跟出人頭地的想法，我不會特別想要念書。也就是說，我是被想賺錢和出人頭地的想法給控制了。

這樣的我，算是「被迫」的嗎？

星老師：事實上，在自我決定理論的研究中明確指出，**人們應該優先建立的動機，是內在動機**。

外在動機可以說是現代社會的標準產物。但是，有時**外在動機可能損害原有的內在動機**。

以弘先生剛剛提到的魔術方塊為例，假如某人因為很熱衷於這個遊戲，開心的解了好幾個小時。

但在這時，出現一個人，聲稱「如果你在十分鐘內能解完六面，我就給你一萬元」，提供外在報酬。於是，玩魔術方塊的內在動機，就會隨之下降；假如之後不存在金錢報酬這項外在動機，可能就會讓人提不起勁繼續玩了。

這個現象發現於二十世紀後半，並且點燃了自我決定理論的研究熱潮。

追求外在價值，幸福感不會提升

星老師：我們要盡量尋求內在動機，並且有意識迴避外在動機。這是一種能有效控制動力、維持熱忱的簡單方法，各位覺得如何呢？不過，就算腦袋接受這樣的說法，是不是多少會覺得有點像在說漂亮話？

長野翔太：老實說，即使打從心底知道維持內在動機的重要性，還是會覺得金錢和地位這些外在動機實在很吸引人啊。

星老師：我認為，會這麼想也是理所當然的。

事實上，以報酬與罰則為基礎的動機，在短時間內，確實容易凌駕於內在動機之上。但以長期的觀點來看，**若是太過依賴外在動機，會對人產生許多心理及身體上的負面影響。**

舉例來說，對金錢、經濟上動機較強烈的人，**主觀的幸福感及自我肯定感會**

比較低落，甚至容易憂鬱及感到不安。

致力於追求身分地位或外在價值的人也是，除了精神方面的影響，**還容易出現頭痛、肩頸痠痛等病症，長期下來很可能對身體健康造成負面影響，有的人則會在朋友、戀愛、家庭等人際關係上出現問題。**

這無關乎性別或年齡，世界各國都曾出現相關的研究報告。此外，像是高中生與大學生，假如外在動機太過強烈的話，容易產生依賴菸、酒、藥物等的傾向，這點也請務必留意。

研究結果更進一步顯示，即使達成外在動機所設定的目標，當事人也不會出現更大的幸福感。相對的，實現內在動機，幸福感會比較強烈。這表示，即使實現外在動機所追求的金錢或地位，也不見得能感受到期待已久的那種幸福感。

以能獲得高報酬的企業律師，與收入較低的人權律師為例，相關調查指出，前者的幸福度普遍較低，而且酒精依賴的風險偏高。

我想，各位對這樣的結果應該不意外。不過，在現代社會中，想要避開外在動機，確實也不是容易的事。

重點在於，要了解自身的動機，養成有意識追求、實踐內在動機的習慣，並且繼續保持下去。我們就在這堂課中，尋找養成這些習慣的關鍵吧。

「SMART」法制定目標

星老師：怎樣才能維持內在動力呢？重點在於，要滿足「歸屬感」、「勝任感」和「自主感」。這邊的關鍵是回顧自己的目標。但是，不只是單純的回顧，我來說明一下有效的做法。首先，請大家回答問題。

- 你們學習的動機是什麼？
- 現在的目標是什麼？

加藤櫻：我的目標是要通過升學考，進入醫學系。

長野翔太：我的目標是找到新工作！

小出弘：這就是所謂的「SMART目標」吧。

「S」就是「Specific」，是具體的意思。

「M」是「Measurable」，可衡量，就是能明確知道目標是否達成，並且將達成的狀況數值化。

「A」就是「Achievable」，是指可達成的事。因為，無法實現的目標是沒有意義的。

「R」是「Relevant」，是相關性的目標。比方說針對工作的目標，這時只是制定自己有興趣、但和工作無關的目標並沒有幫助。

最後的「T」是「Time-bound」，有時間限制。設定目標要有時限，避免出現一直無法達成的狀況。

我的目標是：為了促進故鄉的旅遊業，挑戰銀髮創業！想在三年後，讓每年去故鄉旅遊的遊客數達到十萬人！這是我的SMART目標。

星老師：謝謝大家。「SMART目標」是制定目標的基本例子。還有其他類似的方法，但重點是一樣的——目標具體和數值化，並且將抵達目標的路程「視覺化」。比方說，「取得好成績」是抽象且不太明確的目標。因此，很難想像自己在達成計畫和目標之前，到底該做些什麼。

另一方面，如果目標是「下一次英文考試提高二十分」、「下個月開始提高一〇%銷售額」，就可以分別訂定「反覆練習這本試題本的第二章」、「每週新增一〇%的客人，每週提高三%的銷售額」等具體的進步方法。

另外，像這樣將目標數值化或具體化的話，會有明確方向性，容易獲得「自主感」。另外，之後會有明確的結果，達成目標的時候會有「勝任感」。從這層意義上來說，也是支持內在動機的行動。

但是，「SMART目標」等工具，存在著最根本的問題。**如果要將目標數值化，就必須找出分數或金額等外在的構成因素**。這可以說是生活在現代的我們，所必須面對的。數值化和具體化，與現代社會的結構密不可分。

然而，雖然那樣制定的目標很明確，卻很有可能因為外部報酬而破壞我們的內在動機！SMART目標是既方便又重要的工具，但如果只依賴它的話，就會使我們遠離原本的內在動機。

忘記了原本自己為何對那個目標有動機，只追求數字和具體成果的話，最終只會留下外在動機。也就是必須背負前面所提到的外在動機風險。

滿足三大欲望的「ARC」目標

星老師：那麼，怎麼做才能在實現數值化、具體化目標的過程中，不引發外在動機，而持續保持內在動機呢？

首先，確認一下自己制定的目標。無論是學校或公司給予的目標，還是自己決定的目標都可以。然後，使用SMART等工具，制定具體的數值化目標。

接著，根據人類內心的三大欲望，重新問自己：為什麼想要達成這個目標？達成後這三大欲望該如何被滿足？

- 自主感：①是出於自我意識②不被自己以外的要素推動③沒有外部因素影響等。
- 歸屬感：①拓展與他人之間的關係②充實人脈③對社會有貢獻④能與他人合作等。
- 勝任感：①提升自己的能力②掌握新的知識技能等。

請以這些步驟考量到的事情為基礎，重新思考目標的定義。這裡就不用在意數值化和具體性。

因此，取心中三大欲望的首字母「A」、「R」、「C」，就稱作「ARC目標」。「ARC」也有「圓弧」、「拱形」的意思。就像拱門那樣覆蓋著我們人生的目標。

事實上，即使是相同內容的目標，只要將ARC與原有目標相結合，就可以確認是否與內部動機有關。

小出弘：在腦科學上，ARC是我們的大腦想要的東西，所以，我們的目標也要隨之重新制定才行。

星老師：另外，將ARC與原有的目標對照，可以回顧自己為什麼要朝著那個目標前進。這樣的回顧行為，也會產生發覺人生意義及目標的效果。

訂定目標，不僅僅是為了達成。面對目標時，會提高內在的動機，正因如此，才達到設定目標本身的意義。

現在，請各位仔細想想看自己的ARC目標。

加藤櫻：我覺得「就讀醫學系」比較接近SMART的目標，ARC則是「成為醫生，為社會做貢獻。拯救和罕見疾病戰鬥的人們」。

星老師：原來如此，小櫻不只提到醫療的「能力」，還包括自己內心的想法。想達成這個目標，並不是由於金錢和地位等外部的因素。

小出弘：我的ＳＭＡＲＴ目標是「銀髮創業三年後，一年到故鄉旅遊的遊客數達到十萬人」，ＡＲＣ目標則是「在第二人生中，我將持續以創業者的身分不斷進步。透過對故鄉的貢獻，好好面對自己的人生與故鄉」。

長野翔太：我的話是在「今年內找到工作」，ＡＲＣ目標是「有穩定收入，不讓家人擔心。學會新的知識技能，獲得重生！」真是，有點太帥了吧！

小出友希子：我的目標是「掌握能夠支持丈夫的技能，向眾人歌頌我們的銀髮人生」。

星老師：謝謝大家！看來每個人都有自己的ＡＲＣ目標了。像這樣**同時並用ＳＭＡＲＴ和ＡＲＣ這兩種方法，也能夠維持實現目標的動力。**

維持動力、減輕焦慮，就靠寫日記

長野翔太：老師，設定好SMART和ARC目標之後，應該還有後續吧？

星老師：當然。制定SMART和ARC是一個開始。接下來還必須活用這兩個目標。

首先，以SMART目標為基礎，思考短期目標並規畫行程表。也就是做出「SMART行程表」。為了達成最終的SMART目標，要規畫什麼樣的道路呢？讓目標更「視覺化」，請具體寫出幾天或每週之內應該完成的事。

如果是「下個月銷售額提高一〇%」的話，就把「每週提高二至三%的銷售額」當作短期目標。因此，要考慮該採取什麼策略，例如「新增一〇%拜訪客戶的次數」等。

此時需要注意的是，短期目標本身也要符合SMART目標的概念，保持在具體、可衡量的狀態。把這些短期SMART目標和策略，排列在達成目標的過程中，規畫就完成了。

而ARC目標，可以在處理SMART時間表的時候使用。

在第四堂課時，我們曾經學到以後設認知為基礎的學習法之一「學習日記」。而在一天的尾聲寫學習日記，同樣也可以應用在處理ARC目標上。

每經過幾天或一週，完成短期SMART目標時，可以稍微延伸學習日記的用法，進行以下這幾件事：

自我評價

在寫完當天的學習日記之後，一邊修改SMART的日程，用大約十分鐘的時間做以下的事情。特別推薦睡前進行。

和學習日記一樣寫成文章，忠實記錄下來，不必拘泥於文章和版面的設計。說到底，這只是要用來回顧自己的目標而已。

1. 這次短期的SMART目標達成了多少？
2. 整體日程和SMART目標的設定是否需要修改？（例如達成目標的時間延遲等問題）如果有必要，該如何調整？
- 假如有上次的自我評價，可以重新檢視。
- 感覺離自己的ARC目標，大概接近了多少？

小出弘：不僅要實行具體數值化後的SMART目標，藉由定期回顧ARC目標，能達到維持內在動機的效果。

如果只有數值目標的話，是會輸給外在動機的。有時，回過神來，會發現自己因為抽象的數字而感到痛苦。

星老師：我們要養成一種心理習慣，定期回歸自己的出發點（內在動機）。這麼做不僅能保持內在動機，還能在痛苦的時候獲得展望未來、繼續向前邁進的動力。

過去，我在提到關於動機的話題時，大多以「ARC」、「SMART」目標為主，到了結尾，話題卻是「寫日記」，有些學員聽到的反應會是：「不過就只是普通的日記而已嘛！」

在這堂課的結尾，我們就來聊聊最新科學研究中，有關寫日記的驚人效果吧。其實，**日記對大腦、心理、身體來說，都是絕佳的一項工具**。

為什麼說是最棒的工具呢？我來說明一下吧。

首先，寫日記從以前開始，就是心理療法的手段之一。將因擔心和煩惱所產生的負面情緒，透過文字記錄下來，具有維持心理健康的功效。關於這點，近期的腦科學研究上已獲得了證實。

透過學習日記和自我評價，來回顧自己的學習和目標，能夠獲得面對艱難或痛苦狀況的能力。

此外，不僅是心理效果，**寫日記可以活化腦中的工作記憶**，這點近期也獲得了證實。當你勉強自己帶著煩躁不安的感受學習，心中會慢慢被陰影所籠罩。

這種時候，一部分的工作記憶也會被這股煩躁不安的情緒占據。但是，透過書寫，將這份心情化作文字、好好面對，之後就沒有必要再為此耗費工作記憶了。

至於其他方面，寫日記跟身體健康也有著相當大的關聯。例如，整理好隔天的計畫後入睡，能提升睡眠品質。

此外，將隔天的學習計畫「視覺化」，也能夠有效減輕不安和煩惱的情緒，讓身體和大腦獲得充分休息。

——那麼，各位，今天的課程就到此結束了。感謝各位在這段時間的陪伴。前面介紹了許多學習法，以及科學方面的研究根據。我想，要一次實踐到位確實不簡單，肯定會消化不良的。

建議各位先從適合自己的方法開始，慢慢養成習慣。希望今天學到的東西，能對各位今後的學習有所助益。

我們後會有期！

全體齊聲：謝謝老師！

史丹佛實證最強學習法

- 根據自我決定理論，成為動機來源的人心三大欲望是自主感、歸屬感和勝任感。
- 外在動機對於身心都有長期的不良影響。
- 當內心有內在動機時，請留意不要受到外在動機的干擾，才可以維持長期動力。
- 假如只有設定SMART目標，較容易傾向於外在動機。因此，也需要設定ARC目標。
- 運用SMART和ARC目標，可以更明確的自我評價。
- 日記是幫助大腦、心理和身體的絕佳工具。

參考文獻

1. Dunlosky J, Rawson KA, Marsh EJ, Nathan MJ, Willingham DT (2013) Improving students' learning with effective learning techniques: Promising directions from cognitive and educational psychology. *Psychological Science in the Public Interest*, 14(1):4-58.
2. Woloshyn VE, Pressley M, and Schneider W (1992) Elaborative-interrogation and prior-knowledge effects on learning of facts. *Journal of Educational Psychology*, 84:115-124.
3. Schworm S and Renkl A (2006) Computer-supported example-based learning: When instructional explanations reduce self-explanations. *Computers & Education*, 46:426-445.
4. Rau MA, Aleven V, and Rummel N (2010) Blocked versus interleaved practice with multiple representations in an intelligent tutoring system for fractions. In Aleven V, Kay J, Mostow J (Eds.), *Intelligent tutoring systems*. Berlin: Springer-Verlag.
5. Head MH, Readence, JE, and Buss RR (1989) An examination of summary writing as a measure of reading comprehension. *Reading Research and Instruction*, 28:1-11.
6. Recht DR and Leslie L (1988) Effect of prior knowledge on good and poor readers' memory of text. *Journal of Educational Psychology*, 80:16-20.
7. Fowler RL and Barker AS (1974) Effectiveness of highlighting for retention of text material. *Journal of Applied Psychology*, 59:358-364.
8. Wang AY, Thomas MH, and Ouellette JA (1992) Keyword mnemonic and retention of second-language vocabulary words. *Journal of Educational Psychology*, 84:520-528.
9. Giesen C and Peeck J (1984) Effects of imagery instruction on reading and retaining a literary text. *Journal of Mental Imagery*, 8:79-90.
10. Hodes CL (1992). The effectiveness of mental imagery and visual illustrations: A comparison of two instructional variables. *Journal of Research and Development in Education*, 26:46-58.
11. Callender AA and McDaniel MA (2009). The limited benefits of rereading educational texts. *Contemporary Educational Psychology*, 34:30-41.

12. Suzana H (2012) The not extraordinary human brain. *Proceedings of the National Academy of Sciences*, 109(1):10661-10668.
13. DeWeerdt S (2019) How to map the brain. *Nature*, 571(7766):S6-S8.
14. https://www.nytimes.com/2020/07/25/style/elon-musk-maureen-dowd.html
15. Stanislas Dehaene (2020) *How We Learn: Why Brains Learn Better Than Any Machine...for Now*. Viking: USA.
16. Lake BM, Ullman TD, Tenenbaum JB, and Gershman SJ (2017) Building machines that learn and think like people. *Behavioral and Brain Sciences*, 40:e253.
17. Dehaene S (2011) *The number sense: How the mind creates mathematics* (Revised and updated edition). Oxford University Press: USA.
18. Cesana-Arlotti N, Martín A, Téglás E, Vorobyova L, Cetnarski R and Bonatti LL (2018) Precursors of logical reasoning in preverbal human infants. *Science*, 359(6381):1263-1266.
19. Xu F and Garcia V (2008) Intuitive statistics by 8-month-old infants, *Proceedings of the National Academy of Sciences* 105(13):5012-5015.
20. Prado EL and Dewey KG (2014) Nutrition and brain development in early life. *Nutrition Reviews*, 72(4):267-84.
21. Park DC and Bischof GN (2011) Chapter 7 - Neuroplasticity, Aging, and Cognitive Function, Editor(s): Schaie KW and Willis SL, In *Handbooks of Aging, Handbook of the Psychology of Aging* (Seventh Edition), Academic Press: USA, 109-119.
22. Maguire EA, et al (2000) Navigation-related structural change in the hippocampi of taxi drivers *Proceedings of the National Academy of Sciences*, 97(8):4398-4403.
23. Park DC, Lautenschlager G, Hedden T, Davidson NS, Smith AD, and Smith PK (2002) Models of visuospatial and verbal memory across the adult life span. *Psychology and Aging*, 17(2):299-320.
24. Kühn S and Lindenberger U (2016) Chapter 6 - Research on Human Plasticity in Adulthood: A Lifespan Agenda, Editor(s): Schaie KW and Willis SL, *Handbook of the Psychology of Aging* (Eighth Edition), Academic Press: USA, 105-123.
25. Park DC, Lautenschlager G, Hedden T, Davidson NS, Smith AD, and Smith PK (2002) Models of visuospatial and verbal memory across the adult life span. *Psychology and Aging*, 17(2):299-320.
26. Cabeza R, Anderson ND, Locantore JK, and McIntosh AR (2002) Aging

gracefully: compensatory brain activity in high-performing older adults. *Neuroimage*, 17(3):1394-402.

27. Cabeza R, Anderson ND, Locantore JK, and McIntosh AR (2002) Aging gracefully: compensatory brain activity in high-performing older adults. *Neuroimage* , 17(3):1394-402.
28. Park DC and Bischof GN (2011) Chapter 7 - Neuroplasticity, Aging, and Cognitive Function, Editor(s): Schaie KW and Willis SL, In H*andbooks of Aging, Handbook of the Psychology of Aging* (Seventh Edition), Academic Press: USA, 109-119.
29. Dehaene S (2020) *How We Learn: Why Brains Learn Better Than Any Machine...for Now*, Viking: USA.
30. Rasch C, Büchel S, and Gais J (2007) Born odor cues during slow-wave sleep prompt declarative memory consolidation. *Science* , 315(5817):1426-1429.
31. Gao C, Fillmore P, and Scullin MK (2020) Classical music, educational learning, and slow wave sleep: A targeted memory reactivation experiment. *Neurobiology of Learning and Memory*, 171:107206.
32. Cowan N (2008) What are the differences between long-term, short-term, and working memory? *Progress in Brain Research*, 169:323-338.
33. Baddeley A (2003) Working memory: looking back and looking forward. *Nature Reviews Neuroscience*, 4:829-839.
34. Miller G (1956) The magical number seven, plus or minus two: Some limits on our capacity for processing information. *The Psychological Review*, 63:81-97.
35. Cowan N (2010) The magical mystery four: How is working memory capacity limited, and why? *Current Directions in Psychological Science*, 19(1):51-57.
36. Gathercole SE, Pickering SJ, Ambridge B, and Wearing H (2004) The structure of working memory from 4 to 15 years of age. *Developmental Psychology*, 40(2):177-90.
37. Melby-Lervåg M and Hulme C. (2013) Is working memory training effective? A meta- analytic review. *Developmental Psychology*, 49(2):270-91.
38. Kellogg RT (2001) Competition for working memory among writing processes. *The American Journal of Psychology*, 114(2):175-91.
39. Lewis-Peacock JA and Norman KA (2014) Competition between items in working memory leads to forgetting. *Nature Communications*, 5:5768.
40. Sana F, Weston T, and Cepeda NJ (2013) Laptop multitasking hinders classroom learning for both users and nearby peers. *Computers & Education*, 62:24-31.

41. Kuznekoff JH, Munz S, and Titsworth S (2015) Mobile phones in the classroom: Examining the effects of texting, Twitter, and message content on student learning. *Communication Education*, 64 (3): 344-65.
42. Rosen LD, Mark CL, and Cheever NA. (2013). Facebook and texting made me do it: Media-induced task-switching while studying. *Computers in Human Behavior*, 29(3),948-958.
43. Rosen LD, Lim AF, Carrier LM, and Cheever NA (2011) An empirical examination of the educational impact of text message-induced task switching in the classroom: educational implications and strategies to enhance learning" *Revista de Psicologia Educativa* , 17(2):163-177.
44. 關於「煩惱標準化」的研究，以小學生為對象：Autin F and Croizet JC (2012) Improving working memory efficiency by reframing metacognitive interpretation of task difficulty. *Journal of Experimental Psychology*: General , 141(4):610-618. 以大學生為對象的研究：Walton GM andCohen GL (2011) A brief social-belonging intervention improves academic and healthoutcomes of minority students. *Science*, 331 (6023):1447-51.
45. Mayer RE, Bove W, Bryman A, Mars R and Tapangco L (1996) When less is more:Meaningful learning from visual and verbal summaries of science textbook lessons. *Journal of Educational Psychology*, 88(1), 64-73.
46. Menendez D, Rosengren KS and Alibali MW (2020) Do details bug you? Effects of perceptual richness in learning about biological change" *Applied Cognitive Psychology*, 34(5):1101-17.
47. Rey GD (2012) A review of research and a meta-analysis of the seductive detail effect. *Educational Research Review* , 7(3):216-237.
48. Ariga A and Lleras A (2011) Brief and rare mental" breaks" keep you focused: Deactivation and reactivation of task goals preempt vigilance decrements. *Cognition*, 118(3): 439-443.
49. Danziger S, Levav J and Avnaim-Pesso L (2011) Extraneous factors in judicial decisions. *Proceedings of the National Academy of Sciences*, 108:6889-92.
50. Chen O, *et al* (2018) Extending cognitive load theory to incorporate working memory resource depletion: evidence from the spacing effect. *Educational Psychology Review*, 30:483-501.
51. https://francescocirillo.com/pages/pomodoro-technique
52. Oakley B, Sejnowski T and McConville A (2018) *Learning How to Learn: How to Succeed in School Without Spending All Your Time Studying; A Guide for Kids and Teens*. Penguin Random House: New York.
53. https://desktime.com/blog/17-52-ratio-most-productive-people/

54. Pozen RC (2012) *Extreme Productivity: Boost Your Results, Reduce Your Hours* (Illustrated Edition) Harper Business: USA.
55. Medina J (2014) *Brain Rules: 12 Principles for Surviving and Thriving at Work, Home, and School.* Pear Press: Seattle.
56. Bergouignan A *et al* (2016) Effect of frequent interruptions of prolonged sitting on self-perceived levels of energy, mood, food cravings and cognitive function. *International Journal of Behavioral Nutrition and Physical Activity*, 13:113.
57. Methot JR, Rosado-Solomon EH, Downes P and Gabriel AS (2020) Office chit-chat as a social ritual: The uplifting yet distracting effects of daily small talk at work. *Academy of Management Journal*, https://doi.org/10.5465/amj.2018.1474.
58. Felsten G (2009) Where to take a study break on the college campus: An attention restoration theory perspective. *Journal of Environmental Psychology*, 29(1):160-167.
59. Cheng D and Wang L (2015) Examining the Energizing Effects of Humor: The Influence of Humor on Persistence Behavior. *Journal of Business and Psychology*, 30:759-772.
60. Posner MI and Rothbart MK (2007) *Educating the human brain*. American Psychological Association.
61. Norris CJ *et al* (2018) Brief Mindfulness Meditation Improves Attention in Novices: Evidence From ERPs and Moderation by Neuroticism. *Frontiers in Human Neuroscience*, 12:315.
62. 《史丹佛式的生存力》（生き抜く力），星友啓著，鑽石社。
63. 關於休息效果的研究，以睡覺為研究主題：Milner CE and Cote KA (2009) Benefits of napping in healthy adults: impact of nap length, time of day, age, and experience with napping. *Journal of Sleep Research*, 18(2):272-81. 以吃點心為研究主題：Masoomi H, Taheri M, Irandoust K, H'Mida C and Chtourou H (2020) The relationship of breakfast and snack foods with cognitive and academic performance and physical activity levels of adolescent students. *Biological Rhythm Research*, 51:3, 481-488.
64. Mantua J and RMC Spencer RMC (2015) The interactive effects of nocturnal sleep and daytime naps in relation to serum C-reactive protein. *Sleep Medicine*, 16(10):1213-1216.
65. Correa-Burrows P, Burrows R, Orellana Y, and Ivanovic D (2015) The relationship between unhealthy snacking at school and academic outcomes: a population study in Chilean schoolchildren. *Public Health Nutrition,* 18(11):2022-2030.

66. Beaman CP (2005) Auditory distraction from low-intensity noise: A review of the consequences for learning and workplace environments. *Applied Cognitive Psychology*, 19(8), 1041–1064.
67. Sellaro R *et al* (2015) Preferred, but not objective temperature predicts working memory depletion. *Psychological Research*, 79:282-288.
68. Fisher AV, Godwin KE, and Seltman H (2014) Visual environment, attention allocation, and learning in young children: when too much of a good thing may be bad. *Psychological Science*, 25(7):1362-1370.
69. Park DC, Lautenschlager G, Hedden T, Davidson NS, Smith AD, and Smith PK (2002) Models of visuospatial and verbal memory across the adult life span. *Psychology and Aging*, 17(2):299-320.
70. Roediger HL and Butler AC (2011) The critical role of retrieval practice in long-term retention. *Trends in Cognitive Sciences*, 15:20-27.
71. Roediger HL and Karpicke JD (2006) Test-enhanced learning: Taking memory tests improves long-term retention. *Psychological Science*, 17(3):249-255.
72. Lyle KB and Crawford NA (2011) Retrieving essential material at the end of lectures improves performance on statistics exams. *Teaching of Psychology*, 38(2):94-97.
73. Karpicke JD and Blunt JR (2011) Retrieval practice produces more learning than elaborative studying with concept mapping. *Science*, 331(6018):772-5.
74. Nadel L, Hupbach A, Gomez R, and Newman-Smith K. (2012) Memory formation, consolidation and transformation. *Neuroscience and Biobehavioral Reviews*, 36(7):1640-5.
75. Roediger, HL, Putnam AL, Smith MA (2011) Ten benefits of testing and their applications to educational practice. *Psychology of Learning and Motivation*, 44:1-36.
76. Roediger HL and Karpicke JD (2006) Test-enhanced learning: taking memory tests improves long-term retention. *Psychological Science*, 17(3):249-255.
77. Roediger HL and Karpicke JD (2006) Test-enhanced learning: taking memory tests improves long-term retention. *Psychological Science*, 17(3):249-255.
78. Tauber SK, Witherby AE, Dunlosky J, Rawson KA, and Putnam AL and Roediger HL III(2018) Does covert retrieval benefit learning of key-term definitions? *Journal of Applied Research in Memory and Cognition* , 7(1), 106–115.
79. Arnold KM and McDermott KB (2013) Free recall enhances subsequent learning. *Psychonomic Bulletin and Review*, 20(3):507-13.

80. Zaromb FM and Roediger HL (2010) The testing effect in free recall is associated with enhanced organizational processes. *Memory and Cognition*, 38:995–1008.
81. Karpicke JD and Blunt JR (2011) Retrieval practice produces more learning than elaborative studying with concept mapping. *Science*, 331(6018):772-5.
82. Rowland CA and DeLosh EL (2014) Benefits of testing for nontested information: Retrieval-induced facilitation of episodically bound material. *Psychonomic Bulletin and Review*, 21(6), 1516–1523.
83. Weinstein Y, McDermott KB and Roediger HL III (2010) A comparison of study strategies for passages: Rereading, answering questions, and generating questions. *Journal of Experimental Psychology*: Applied, 16(3):308–316.
84. Benjamin AS and Tullis J (2010) What makes distributed practice effective? *Cognitive Psychology*, 61:228–247.
85. Bahrick HP (1979) Maintenance of knowledge: Questions about memory we forgot to ask. *Journal of Experimental Psychology*: General, 108:296–308.
86. Cepeda NJ, Vul E, Rohrer D, Wixted JT and Pashler H (2008) Spacing effects in learning: A temporal ridgeline of optimal retention. *Psychological Science*, 19(11):1095-1102.
87. Rohrer D (2012) Interleaving helps students distinguish among similar concepts. *Educational Psychology Review*, 24:355–367.
88. Hausman H and Kornell N (2014) Mixing topics while studying does not enhance learning. *Journal of Applied Research in Memory and Cognition*, 3:153-160.
89. Yan VX, Soderstrom NC, Seneviratna GS, Bjork EL, and Bjork RA (2017) How should exemplars be sequenced in inductive learning? Empirical evidence versus learners' opinions. *Journal of Experimental Psychology: Applied*, 23(4):403-416.
90. Schraw G and Dennison RS (1994) Assessing metacognitive awareness. *Contemporary Educational Psychology*, 19(4):460-475.
91. Veenman MVJ, Van Hout-Wolters BHAM and Afflerbach P (2006) Metacognition andlearning: conceptual and methodological considerations. *Metacognition Learning*, 1:3-14.
92. Muijs D and Bokhove C (2020) Metacognition and self-regulation: evidence review. London: Education Endowment Foundation.
93. Bransford JD, Brown AL and Cocking RR (2000). *How people learn: Brain, mind, experience, and school*. National Academy Press: Washington DC.

94. Kruger J and Dunning D (1999) Unskilled and unaware of it: how difficulties in recognizing one's own incompetence lead to inflated self-assessments. *Journal of Personality and Social Psychology*, 77(6):1121-34.

95. Dunning D (2005) *Self-insight: Roadblocks and detours on the path to knowing thyself*. Psychology Press: New York.

96. Stanislas Dehaene(2020) *How We Learn: Why Brains Learn Better Than Any Machine...for Now*. Viking: USA.

97. LaLumiere RT (2014) 5 - Dopamine and Memory, Editor(s): Meneses A, *Identification of Neural Markers Accompanying Memory*, Elsevier, 79-94.

98. Kang MJ *et al* (2009) The Wick in the candle of learning: epistemic curiosity activates reward circuitry and enhances memory. *Psychological Science*, 20(8):963-973.

99. Agarwal P and Bain P and Chamberlain R (2012) The value of applied research: retrieval practice improves classroom learning and recommendations from a teacher, a principal, and a scientist. *Educational Psychology Review*, 24. 10.1007/s10648-012-9210-2.

100. Moser JS, Schroder HS, Heeter C, Moran TP, and Lee YH (2011) Mind your errors: evidence for a neural mechanism linking growth mind-set to adaptive posterror adjustments. *Psychological Science*, 22(12):1484-9.

101. Rescorla RA and Wagner A (1972) A theory of Pavlovian conditioning: Variations in the effectiveness of reinforcement and nonreinforcement.

102. Pessiglione M, Seymour B, Flandin G, Dolan RJ, and Frith CD (2006) Dopamine-dependent prediction errors underpin reward-seeking behaviour in humans. *Nature*, 442(7106):1042-5.

103. Moser JS, Schroder HS, Heeter C, Moran TP, and Lee YH. Mind your errors: evidence for a neural mechanism linking growth mind-set to adaptive posterror adjustments. *Psychological Science*, 22(12):1484-9.

104. Zahrt OH and Crum AJ (2017)Perceived physical activity and mortality: Evidence from three nationally representative U.S. samples. *Health Psychology,* 36(11):1017-1025.

105. Crum AJ and Langer EJ (2007) Mind-set matters: exercise and the placebo effect. *Psychological Science*,18(2):165-71.

106. Ranganathan VK, Siemionow V, Liu JZ, Sahgal V and Yue GH (2004) From mental power to muscle power--gaining strength by using the mind. *Neuropsychologia*. 42(7):944-56.

107. 《心態致勝》（*Mindset*），卡蘿．杜維克（Carol S. Dweck）著，草思

社，2016年（繁體中文版由天下文化出版）。

108. Boaler J (2019) *Limitless Mind: Learn, Lead, and Live Without Barriers*. HarperCollins Publishers: New York.
109. Blackwell LS, Trzesniewski KH and Dweck CS (2007) Implicit theories of intelligence predict achievement across an adolescent transition: A longitudinal study and an intervention. *Child Development*, 78:246-263.
110. Gezer-Templeton PG, Mayhew EJ, Korte DS and Schmidt SJ (2017) Use of exam wrappers to enhance students' metacognitive skills in a large introductory food science and human nutrition course. *Journal of Food Science Education*, 16:28-36.
111. Finlay BL (2009) Brain Evolution: Developmental constraints and relative developmental growth, Editor(s): Squire LR, *Encyclopedia of Neuroscience*, Academic Press: 337-345.
112. Dunbar RIM (1992) Neocortex size as a constraint on group size in primates. *Journal of Human Evolution*, 22(6):469-493.
113. Clark I and Dumas G (2015) Toward a neural basis for peer-interaction: what makes peer-learning tick?. *Frontiers in Psychology,* 6(28): https://doi.org/10.3389/fpsyg.2015.00028.
114. Salamone JD and Correa M (2012) The mysterious motivational functions of mesolimbic dopamine. *Neuron*, 76(3):470-85.
115. Apps MA and Ramnani N (2014) The anterior cingulate gyrus signals the net value of others' rewards. *Journal of Neuroscience*, 34(18):6190-200.
116. Wise R (2004) Dopamine, learning and motivation. *Nature Review Neuroscience*, 5:483-494.
117. Dumas G, Nadel J, Soussignan R, Martinerie J, and Garnero L (2010) Inter-brain synchronization during social interaction. *PLoS One*, 5(8):e12166.
118. Sandrone S (2013) Self through the mirror (neurons) and default mode network: What neuroscientists found and what can still be found there. *Frontiers in Human Neuroscience*, 7:383. doi: 10.3389/fnhum.2013.00383.
119. Nelson EE, Leibenluft E, McClure EB, and Pine DS (2005) The social re-orientation of adolescence: a neuroscience perspective on the process and its relation to psychopathology. *Psychological Medicine*, 35:163-174.
120. Rottschy C, Langner R, Dogan I, Reetz K, Laird AR, and Eickhoff SB (2012) Modeling neural correlates of working memory: a coordinate-based meta-analysis. *Neuroimage*, 60:830-846.
121. Compayre G and Payne WH (2003) *History of Pedagogy*. Kessinger

Publishing: New York.

122. Organization for Economic Cooperation and Development/Centre for Educational Research and Innovation (OECD/CERI). (2005). Formative Assessment: Improving Learning in Secondary Classrooms. Paris: CERI/OECD.
123. Vygotsky LS (1978) *Mind in Society: The Development of Higher Psychological Processes*. Harvard University Press: Cambridge.
124. Hamilton DL, Katz LB, and Leirer VO (1980) Cognitive representations of personality impressions: organizational processes in first impression formation. *Journal of Personality and Social Psychology*, 39:1050-1063.
125. Nestojko JF, Bui DC, Kornell N, and Bjork EL (2014) Expecting to teach enhances learning and organization of knowledge in free recall of text passages. *Memory and Cognition*, 42(7):1038-48.
126. Clark I and Dumas G (2015) Toward a neural basis for peer-interaction: what makes peer-learning tick?. *Frontiers in Psychology*, 6(28): https://doi.org/10.3389/fpsyg.2015.00028.
127. Mitchell JP, Macrae CN and Banaji MR (2004) Encoding-specific effects of social cognition on the neural correlates of subsequent memory. *Journal of Cognitive Neuroscience*, 24:4912-4917.
128. Rohrbeck CA, Ginsburg-Block MD, Fantuzzo JW and Miller TR (2003) Peer-assisted learning interventions with elementary school students: a meta-analytic review. *Journal of Educational Psychology*, 95: 240-257.
129. Hall L, Johansson P, Tärning B, Sikström S and Deutgen T (2010) Magic at the marketplace: Choice blindness for the taste of jam and the smell of tea. *Cognition*, 117(1):54-61.
130. Pronin E, Berger J and Molouki S (2007) Alone in a crowd of sheep: asymmetric perceptions of conformity and their roots in an introspection illusion. *Journal of Personality and Social Psychology*, 92:585-595.
131. Frith CD (2012) The role of metacognition in human social interactions. *Philosophical transactions of the Royal Society of London. Series B, Biological sciences*, 367(1599), 2213-2223.
132. Murayama K and Elliot A (2011) Achievement motivation and memory: achievement goals differentially influence immediate and delayed remember–know recognition memory. *Personality and Social Psychology Bulletin*, 37(10):1339-1348.
133. Lee M, Ahn HS, Kwon SK, Kim SI (2018) Cooperative and competitive contextual effects on social cognitive and empathic neural responses.

Frontiers in Human Neuroscience, 12:218. doi:10.3389/fnhum.2018.00218.

134. Ryan RM and Deci EL (2017) *Self-Determination Theory: Basic psychological needs in motivation. development, and wellness*. Guilford Press: New York.
135. Murayama K, Izuma K, Aoki R and Matsumoto K (2016)" Your Choice" motivates you in the brain: The emergence of autonomy neuroscience. *Recent Developments in Neuroscience Research on Human Motivation (Advances in Motivation and Achievement, Vol. 19)* , Emerald Group Publishing Limited, Bingley, 95-125.
136. Deci EL and Flaste R (1996) *Why we do what we do : understanding self-motivation*. Penguins Books: New York.
137. Deci EL (1971) Effects of externally mediated rewards on intrinsic motivation. *Journal of Personality and Social Psychology*, 18(1):105-115.
138. Kasser, T and Ryan RM (1993) A dark side of the American dream: Correlates of financial success as a central life aspiration. *Journal of Personality and Social Psychology*, 65(2):410-422.
139. Kasser T and Ryan RM (1996) Further examining the American dream: Differential correlates of intrinsic and extrinsic goals. *Personality and Social Psychology Bulletin*, 22(3):280-287.
140. Williams GC, Cox EM, Hedberg V and Deci EL (2000) Extrinsic life goals and health risk behaviors in adolescents. *Journal of Applied Social Psychology*, 30:1756-1771.
141. Kasser T and Ryan RM (2001) Be careful what you wish for: Optimal functioning and the relative attainment of intrinsic and extrinsic goals. In Schmuck P and Sheldon KM (Eds.), *Life goals and well-being: Towards a positive psychology of human striving*, Hogrefe & Huber Publishers, 116-131.
142. Ryan RM and Deci EL (2017) *Self-Determination Theory: Basic psychological needs in motivation. development*, and wellness . Guilford Press: New York.
143. Sheldon KM and Krieger LS (2014) Service job lawyers are happier than money job lawyers, despite their lower income. *Journal of Positive Psychology*, 9(3):219-226.
144. Vansteenkiste, M, Simons J, Lens W, Soenens B, Matos L and Lacante M (2004) Less is sometimes more: Goal content matters. *Journal of Educational Psychology*, 96(4):755-764.
145. Davis W, Kelley N, Kim J, Tang D and Hicks J (2016) Motivating the academic mind: High-level construal of academic goals enhances goal meaningfulness, motivation, and self-concordance. *Motivation and Emotion*, 40:193-202.

146. Pennebaker JW (1997) Writing about emotional experiences as a therapeutic process. *Psychological Science*, 8:162-166.

147. Lieberman MD, Eisenberger NI, Crockett MJ, Tom SM, Pfeifer JH, and Way BM (2007) Putting Feelings Into Words: affect labeling disrupts amygdala activity in response to affective stimuli. *Psychological Science*, 18(5):421-428.

148. Schroder HS, Moran TP, and Moser JS (2018) The effect of expressive writing on the error-related negativity among individuals with chronic worry. *Psychophysiology*, 55: e12990.

149. Scullin MK, Krueger ML, Ballard HK, Pruett N and Bliwise DL (2018) The effects of bedtime writing on difficulty falling asleep: A polysomnographic study comparing to-do lists and completed activity lists. *Journal of Experimental Psychology: General*, 147(1):139-146.

國家圖書館出版品預行編目（CIP）資料

史丹佛高中校長的最強學習法：寫筆記不如解題目、答對不如答錯、獨學不如共學，科學家證實的大腦最強吸收法。／星友啓著；林佑純譯. -- 初版. -- 臺北市：大是文化有限公司，2022.06
224面；14.8×21公分. --（Think；235）
譯自：脳科学が明かした! 結果が出る最強の勉強法
ISBN 978-626-7123-31-7（平裝）

1. 學習方法　2. 健腦法

521.1　　111004896

Think 235

史丹佛高中校長的最強學習法

寫筆記不如解題目、答對不如答錯、獨學不如共學，科學家證實的大腦最強吸收法。

作　　者／星友啓
譯　　者／林佑純
責任編輯／連珮祺
校對編輯／林盈廷
美術編輯／林彥君
副 主 編／馬祥芬
副總編輯／顏惠君
總 編 輯／吳依瑋
發 行 人／徐仲秋
會計助理／李秀娟
會　　計／許鳳雪
版權專員／劉宗德
版權經理／郝麗珍
行銷企劃／徐千晴
業務助理／李秀蕙
業務專員／馬絮盈、留婉茹
業務經理／林裕安
總 經 理／陳絜吾

出 版 者／大是文化有限公司
臺北市 100 衡陽路 7 號 8 樓
編輯部電話：（02）23757911
購書相關諮詢請洽：（02）23757911 分機 122
24小時讀者服務傳真：（02）23756999
讀者服務E-mail：haom@ms28.hinet.net
郵政劃撥帳號／19983366　戶名／大是文化有限公司

法律顧問／永然聯合法律事務所
香港發行／豐達出版發行有限公司 Rich Publishing & Distribution Ltd
地址：香港柴灣永泰道 70 號柴灣工業城第 2 期 1805 室
Unit 1805, Ph.2, Chai Wan Ind City, 70 Wing Tai Rd, Chai Wan, Hong Kong
電話：21726513　傳真：21724355
E-mail：cary@subseasy.com.hk

封面設計／林雯瑛　內頁排版／王信中　印刷／鴻霖印刷傳媒股份有限公司

出版日期／2022 年 6 月初版
定　　價／新臺幣 390 元（缺頁或裝訂錯誤的書，請寄回更換）
I S B N／978-626-7123-31-7
電子書ISBN／9786267123348（PDF）
9786267123355（EPUB）